广州市哲学社会科学“十三五”规划2018年度课题：家庭经济困难学生自我发展工作坊模式探索，课题编号：2018GZGJ195

广东省普通高校青年创新人才类项目：粤港澳大湾区背景下广东高职生社会适应能力评价体系构建研究，编号：2018GWQNCX085

2017年度广东省普通高校创新人才类项目——全人教育理念下制造类高职毕业生就业质量与文化素质教育水平的关系研究，项目编号：2017GWQNCX048

高职生的自我发展与社

SELF DEVELOPMENT AND SOCIAL ADAPTATION

READY TO GO

张艳杰 尚亚飞 谌丹 著

指导高职生自我探索方向

补齐自身综合素质短板 夯实自我发展基础

DEVELOPMENT GUIDE

中国经济出版社
CHINA ECONOMIC PUBLISHING HOUSE
·北京·

图书在版编目（CIP）数据

高职生的自我发展与社会适应／张艳杰，尚亚飞，谌丹著．
—北京：中国经济出版社，2020.5
ISBN 978-7-5136-6089-1

Ⅰ．①高… Ⅱ．①张…②尚…③谌… Ⅲ．①大学生—心理健康—研究 Ⅳ．①G444

中国版本图书馆 CIP 数据核字（2020）第 039992 号

责任编辑　彭　欣
责任印制　巢新强
封面设计　赵　飞

出版发行　中国经济出版社
印 刷 者　北京九州迅驰传媒文化有限公司
经 销 者　各地新华书店
开　　本　710mm×1000mm　1/16
印　　张　14.25
字　　数　200 千字
版　　次　2020 年 5 月第 1 版
印　　次　2020 年 5 月第 1 次
定　　价　68.00 元
广告经营许可证　京西工商广字第 8179 号

中国经济出版社　**网址** www.economyph.com　**社址** 北京市东城区安定门外大街 58 号　**邮编** 100011
本版图书如存在印装质量问题，请与本社销售中心联系调换（联系电话：010-57512564）

目　录

第一章　时间管理

第一节　高职生时间管理存在的问题 …………………… 1
第二节　时间管理的法则 …………………… 3
第三节　时间管理的十个有效方法 …………………… 8
第四节　突发事件的分类 …………………… 23
第五节　突发事件的时间管理和应对策略 …………………… 26
第六节　应对突发事件的七个习惯 …………………… 29

第二章　职业生涯管理

第一节　自我领导 …………………… 34
第二节　自我认知 …………………… 40
第三节　自我管理 …………………… 48

第三章　创新意识管理

第一节　想什么、怎么想、怎么干 …………………… 58
第二节　培养大学生创新精神 …………………… 60
第三节　锻炼大学生创新思维 …………………… 68
第四节　提高大学生创新能力 …………………… 75

第四章　团队意识管理

第一节　团队 …… 92
第二节　团队决策及团队建设 …… 94
第三节　如何提高团队意识 …… 101
第四节　学习型团队的打造 …… 113
第五节　幸福团队的打造 …… 117

第五章　情绪管理

第一节　科学认知情绪 …… 125
第二节　大学生常见的情绪问题 …… 133
第三节　大学生情绪管理方法 …… 142
第四节　一种针对性的情绪问题调节技术——CBT …… 147

第六章　沟通能力管理

第一节　沟通 …… 157
第二节　高效的人际沟通技巧 …… 161
第三节　沟通交流礼仪 …… 171
第四节　职场沟通 …… 178
第五节　人际沟通 …… 187

第七章　艺术修养管理

第一节　艺术修养 …… 192
第二节　如何提高艺术修养 …… 196
第三节　大学生艺术修养的培养 …… 198

附　录 …… 217
后　记 …… 222

第一章　时间管理

第一节　高职生时间管理存在的问题

“盛年不重来，一日难再晨，及时当勉励，岁月不待人。”在学生时代，只有学会有效利用和管理时间，才能在有限的生命中创造出更丰富的社会价值和自我价值。时间是无法再生的宝贵资源，时间管理是直接影响学生学习成绩、生活质量和职业发展的重要手段。因此，对高职生时间管理中存在的问题进行探讨具有非常重要的意义。

时间管理就是合理而有效地利用时间安排计划完成目标。时间管理的对象不是时间，而是自我。有效的时间管理是个人成功的重要因素，树立时间管理观念，学习时间管理方法，对高职生来说非常重要：其一，时间管理关乎高职生学习效能的高低；其二，时间管理关乎高职生处事能力的强弱；其三，时间管理关乎高职生未来的职业发展；其四，时间管理观念与高职生的价值观紧密相连。

高职生的时间管理存在哪些问题呢？高职生由于学制比本科短，因此在学习期间只有运用时间管理方法才能取得良好的学习效果。参考黄希庭等编制的“青少年时间管理倾向量表”，笔者从高职生的时间观念，时间管理的计划性、自律性和生活习惯，时间管理方法等方面，调查了广州某高职院校。在大一、大二学生中进行了300份问卷调查，集中汇总后发现学生普遍存在的时间管理问题主要表现为以下四点：

第一，缺乏时间管理意识。问卷调查中有76%的学生意识到大学的时间很重要，但仅有42%的学生有较强的时间管理倾向。少部分高职生对学习持自由散漫的态度，认为上了大学就不用再努力学习，于是将大部分课外时间用于上网、聊天、玩游戏、娱乐等。缺乏时间管理意识是学生对时间重要性认识不足的外在表现，深层原因则是学生的人生理想、学习信念等价值观还不够清晰。

第二，时间管理效率低。这类学生在具体的学习和生活中表现为做事缺乏计划性，学习目标不明确，学习动力不足，学习兴趣不高等。问卷调查中制订了大学期间总体学习计划的学生占45%，仅有20%的学生会制订较详细的月计划、周计划、日计划，并根据学习目标检查计划的进度和效果。大学相较于高中时期，拥有了更多的个人时间，如果缺乏计划性，在学习中就会出现学习动力不足和兴趣不高的情况，进而影响学习效果。

第三，自律能力较差。问卷调查中有自我约束意识的学生占56%，仅有12%的学生能够通过加强自我约束有效提升学习效率。

时间管理的效果和个人自律能力的高低有直接的关系。与高中时期不同，大学课后学习的自主性更强，学习环境较为宽松，更需要学生加强自我约束，提高自律能力，养成良好的学习习惯，减少干扰以提升学习效果；反之，松散的环境和缺乏计划性会导致高职生产生倦怠心理，在学习和生活上缺乏自我约束，不能形成良好的习惯，从而导致“开夜车”、赶作业、紧急备考等现象。同时，大学期间课余活动丰富，如果缺乏自律性，在面对诸多干扰时，就容易偏离既定目标，出现完成效果差、自我满意度低等现象，易产生拖延、消极等情绪。

第四，缺乏有效的时间管理方法。调查中有27%的学生认为自己能够利用碎片时间学习，有36%的学生认为自己不善于利用碎片时间学习。学校较少对高职生的时间管理进行系统、明确的指导和训练，缺乏对时间管理技能的培养。缺乏时间管理科学方法的指导，学生虽然有时间管理的意愿，但对日常事务排序混乱，常常将大量的时间消耗在一些琐碎而不重要的事务中，导致重要又紧急的事务没有被第一时间处理，出现顾此失彼、手忙脚乱的情形；缺乏时间管理科学方法的指导，学生也会出现因为制定的目标过高而难以实现，或因为计划难以具体量化，导致可操作性差；学生缺乏时间管理科学方法的指导，对碎片时间和闲暇时间的利用率不高，造成时间的浪费。

下面的章节中，我们将重点讲述时间管理的法则、方法以及如何应对突发事件。

第二节　时间管理的法则

一、帕金森定律

帕金森定律是由英国历史学家斯科特·帕金森在分析了社会组织结构，特别是大型组织工作效率之后提出的。这一定律是指，工作总会被拖延到最后 1 分钟才做完。如果有 2 个小时的工作量，但是有 8 个小时的工作时间，人们一定会花费 8 个小时才能将工作完成。帕金森定律还指出，工作也会被压缩在有限的时间内完成，即如果有 8 个小时的工作量，但是由于某个紧急情况发生了，必须在 2 个小时之内完成，人们也能在时间期限内完成。所以，工作效率高的人总是把自己的时间安排得紧凑而且严密，这样他们才能在极短的时间内完成大量的工作，而不是花费很长的时间只做一点点事情，这是非常重要的。

前微软营销总监道格·代顿曾举出两位客户经理的例子来说明帕金森定律："一位客户经理对撰写详细的报告欲罢不能，而另一位经理却像是提供清洁服务的反面广告"。前者太拘泥于细节，为了使其文案完美而浪费了时间；后者则是一个"马大哈"，把重要的文本乱扔，只好翻箱倒柜地找，也浪费了大量的时间。这样的职员每个公司都存在，他们看起来终日忙忙碌碌，却总是在最后期限才能完成工作，时间分分秒秒地被浪费，工作效率也很低下。如果他们每天能花几分钟考虑一下任务，给优先的工作腾出时间，再给自己的计划设定一个合理的时间范围，就能够最大限度地提高工作效率。

二、帕累托原则

帕累托原则俗称“二八定律”，是由 19 世纪意大利经济学家帕累托提出的。其核心内容是生活中 80% 的结果几乎源于 20% 的活动。比如，是 20% 的客户带来了 80% 的业绩，并可能创造了 80% 的利润；世界上 80% 的财富是被 20% 的人掌握着，而世界上 80% 的人只分享了 20% 的财富。教育方面也有这样的现象，大概只有 20% 的学生能考上比较好的大学，20% 的重点高中囊括了 80% 能考上重点大学的学生，顶尖的 20% 的大学聚集了 80% 最优秀的教授、学者。因此，我们要把注意力放在 20% 的关键事情上，根据这一原则对要做的事情厘清轻重缓急。

遵循二八定律首先应该明确态度，其次排定先后顺序，最后定出远期和近期目标，这些是时间管理的重要步骤。按照二八定律，拟定好人生方向，确定每天、每月、每年的行事日程，然后努力遵守。相信很多人也发现在大学考试中，用时很少的部分反而得分很高。“时间对于每个人都是公平的”，一个人的一天永远只有 24 个小时，有的人可以过得很从容，有的人却常常把自己弄得凌乱不堪。“没有时间”是个蹩脚的借口，有没有时间都是自己选择的结果。所以，要避免将时间和精力花费在琐事上，学会抓主要矛盾。

三、注意力法则

注意力是管理时间的关键。

比如，计划晚上 8 ~ 10 点看书，但是在看书的时候脑子却在想看过的电影。考前复习时，眼睛虽然盯着书本，知识却没留在脑海中。这样既浪费了时间也未达到目的。再如，写一篇文章至少需要 3 个小时，如果注意力不集中就可能要4 ~ 5个小时，而注意力集中就会节省 2 个小时。这 2 个小时的时间可以去做其他的事。可见，如何集中注意力是注意力法则的关键。

“把注意力用在真正有用的地方，改变自己才是要做的事。”

注意力没有替代性，只有唯一的效果，关注一个东西就不能再关注其他东西了。

注意力是什么？注意力是人们唯一能控制自己将其使用在什么地方，并且用它获取资源的能力。注意力其实是人们挖掘价值的工具，所以要选好使用的地方。如果你关注八卦，就会得到更加无聊的自己；如果你把注意力放在学习上，就可以不断地改变自己，使自己进步；如果你把注意力放在思考上，那么你的思维认知将会得到提升。无论你要做什么事，想通过注意力获取什么价值，都不要浪费这个你唯一能控制的个人财富。

我们每个人每天的时间都是一样多，但是如何在有限的时间产生更多的价值就要依靠注意力。无论你做什么，时间都在不停地溜走。我们不能控制时间，只能控制注意力。从这个角度来看注意力比时间还要重要，因为注意力决定了时间使用的效果。

当我们理解了注意力的重要性时，就不再是简单地给自己定一个时间去做什么事，而是真正地意识到注意力的价值，好好利用它帮助自己挖掘出更多更有价值的东西。用注意力关注要做的事，可以让你真正做到事半功倍。

四、生物钟法则

后面我们会学习很多有关时间管理的方法，如紧急重要度、时间清单、四象限法等。但很多人都有这样的感受，就是几乎所有能了解时间管理方法都了解了，道理也都懂，就是做不到。

为什么别人的好方法，到自己这里就不管用呢？问题不是出在所学到的时间管理方法不够，而是什么影响了时间管理方法的落实。

为什么有的人每天睡 6 个小时生龙活虎，有的人睡 8 个小时却还是困？时间对每个人都是公平的，每人每天 24 个小时；时间对每个人又是不公平的，有的人能把一天活成 48 个小时，有的人却只能使自己疲惫不堪。我们必须明白，虽然每个人的一天都是 24 个小时，但每个人在一天中可以支配的时间却是完全不同的。

时间管理的高手往往也是“精力管理”的高手，他一天可支配的时间也许是你的2~3倍。也有很多人，一天不仅睡8个小时，白天还有各种休息和走神，因此只能有效工作6个小时，却还觉得自己很累。

即便考虑每个人基因不同、肾上腺素分泌水平不同带来的差异，也无法解释人们之间不同的精力程度的区别，这就是“精力管理”技术带来的差异。有的人可以快速恢复精力，自然少睡一会儿也不要紧，有的人可以瞬间进入休息状态，有的人则非常熟悉自己的生物钟规律，可以顺应身体节奏安排工作，甚至可以优化自己的生物钟，以与现在的工作节拍保持一致。

生物钟是一套由感光神经元、内分泌系统、基因振荡表达，从组织细胞到生化，再到分子水平共同组成的功能体系。它存在于人们的身体中，支配着人们的生理习惯，是为了适应外界环境养成的周期性规律。学好“精力管理”，管理好身体的生物钟和节奏，就会获得比别人更多的可支配时间。

我们每个人都有自己的生物钟。在一天当中，有的时间段精力会很好、大脑也很清楚，有的时间段精力可能差一些。因此，可以花1周左右的时间记录下自己在不同时间段的精力状态，以后就可以将需要深度思考或挑战最大的工作尽量放在精力最好的时间段来完成。

人体的基本生物钟也是遵循一定规律的。比如，14：30人体的协作性良好，这个时候可以做一些需要团队合作的工作；15：30人体处于精力高潮期，可以适当安排一些需要灵敏的反应力和高度自我控制力的工作；而在情绪临界期，则应尽量避免需要用到大段时间和集中精力的工作模式，这样就能做到大脑活动的自由切换和区域的交替使用。大脑控制的行为习惯和生理习惯也是基于日常生活中人体对外界因素的不断调整和适应，其中占比最大的外界因素便是光照，光照会严重影响人们的睡眠质量，因此拥有一个良好的作息习惯是有序生活的必需。

五、效率与效能法则

马克思说过，“较高级复杂的劳动，是这样一种劳动力的表现，这种劳动力比较普通的劳动力需要较高的教育费用，它的生产需要花费较多的劳动时间。因此，具有较高的价值。时间价值无可替代，因此对时间利用率的研究也至关重要。而对时间利用率影响最大的无疑是时间管理”。这里面提到的“时间利用率”，也就是花费了时间做出的成效，等同于时间的效率。

效率是一种质量性、内质连续性，反映出有效程度、有效性、有用性。从字面上看，效率即有效程度，有效即有效用，是一种能满足预定用途的性质，也即效率是指满足预定用途的程度，即有效程度。

效率取决于工作技能、工作方式、工作责任心。一般责任心可以在短期内反映，而坚持心、精进心却须长期才能反映。责任心是心神凝聚于事业的专注，保持不松懈则为有毅力的坚持心，保持不松懈而且向深度扩展，则为精益求精的精进心。这些才是真正的敬业精神。责任心是“见”，坚持心是“定”，精进心是“行”。所以，短时间看效率，只有做事有效率了才能看到效能。

《庄子·列御寇》中关于朱漫萍的故事提到，他潜心三年拜师学习杀龙技艺，比一般人更快地学成，之后却发现无处施展这一本领，到头来却浪费了时间做了无用功。这说明充分利用时间还体现在“效能”上，即“做正确的事情”，而非单单指“效率”。一个人如果偏离了目标，效率越高反而在错误的道路上走得越远。就像美国人伯纳姆认为的，不是所有的工作任务都要做，面对工作要“有所为，有所不为”，要能够有所取舍。没有办法取舍时要想办法合并，不能够合并时要思考有无替代的方案。

时间管理大师彼得·德鲁克曾在《有效的主管》一书中简明扼要地指出：“效率”是“正确地做事”，效能则是“做正确的事”。效率和效能不应偏废，但这并不意味着效率和效能具有同等的重要性。人们一般希望能同时提高两者，但在“鱼”和“熊掌”不可兼得时，应先着眼于效能，然后再设法提高效率。

因此，我们要谈的时间管理，首先要确定要做的正确的事情，然后再追求效率，这样才能有真正有价值的效能。我们不妨想一想，手头的事情是为了追求速度还是为了达成目标，是为了应付任务还是为了促成结果。做正确的事情需要我们积极地思考，而不只是为了完成而完成。

第三节　时间管理的十个有效方法

大学是一个学术自由、思想活跃的地方。有人说：在大学里，可以做自己想做的事情；在大学里，你拥有真正属于自己的时间，你可以航行在广阔无垠的知识海洋上。也有人说：在大学里，你可能激情四溢，满怀着希望和理想；在大学里，你会接触到许多没见过的新鲜事物。但你可能因为不会规划时间，导致希望和理想破灭。作为当代高职生从走进大学校门的那一刻起，就必须考虑自己该如何规划大学的分分秒秒，尤其是大学的学习生活，不要“少壮不努力，老大徒伤悲”。所以，本章重点分析高职生时间管理的方法。

时间管理的方法有很多，针对不同的场合、不同的工作任务、不同的学习任务、不同的阶段，使用的时间管理方法不同。即使是同样的工作任务，不同性格的人所用的时间管理方法都不一样；即使是同一个人，做不同的事情也可以采用不同的时间管理方法。所以，下面将逐一向大家剖析时间管理的不同方法的特点。

一、闹钟式时间表法

闹钟式时间表法，也称计划式时间表法。较适合经常被突发事情干扰的人、学习或工作任务较多的人、有比较清晰的长远计划目标的人。比如，某化学专业学生在学期末有高数、有机化学、物理化学等六门科目要考试，学期中有大学英语四级和计算机二级考试，平时还有兼职，还要担任学生干部。这名学生有长远的目标计划需要完成，但生活中容易被各种突发事情干扰，导致意志力不够坚定，注意力不够集中，因此可尝试用闹钟式时间表法，见表 1－1。

表 1－1　时间管理——闹钟式时间表

时间段	具体时间	内容
上午	7：00—8：00	起床、洗漱、吃早餐
	8：00—9：00	做高数练习题
	9：00—10：00	跑步运动
	10：00—11：00	英语四级
	11：00—12：00	听歌
中午	12：00—13：00	午餐
	13：00—14：00	午休
下午	14：00—15：00	考试科目一
	15：00—16：00	听歌散步
	16：00—17：00	英语套题
	17：00—18：00	考试科目二
晚上	18：00—19：00	晚餐
	19：00—20：00	听英文读报/考试科目三
	20：00—21：00	学计算机软件
	21：00—22：00	闲聊
	22：00—23：00	洗漱、处理内务

闹钟式时间表法的特点：第一，分段性。闹钟式时间表法即设置了很多时间段，实施者根据目标计划或安排将时间划分为不同区间，每个区间的目标任务明确。第二，固定性。闹钟式时间表法设置的时间段比较固定，因为长远的目标不可能马上完成或实现，所以每天在固定时间安排完成一些学习或工作任务。第三，延续性。使用闹钟式时间表法管理时间，就是将大目标分解成若干个小目标，在固定的时间完成固定的小目标，以便慢慢达成大目标。但这个过程必须是持续的，要求实施者根据目标进展情况，日复一日地不断实施计划。卡耐基说过："确定了人生目标的人，比那些彷徨失措的人在起步时便已领先几十步，有目标的生活，远比彷徨的生活幸福，没有人生目标的人，人生本身就是乏味无聊的。"时间表就

是每天定一个小目标，每天完成一点，日积月累，大目标就自然完成了。第四，强制性。设置闹钟时间表，就是为了实施者强制自己在规定的时间内完成规定的事情，以提高工作和学习的效率，进而提高工作和学习的效能。闹钟式时间表能让本来彷徨无措、不知如何下手的人，通过强制自己每天做一些力所能及的事情，实现每天收获一点，最终达成目的的愿望。

所以，闹钟式时间表适合有长远目标的人，它能引领人定下小目标，有时候也适合虽然有长远目标但一开始还没有计划方向和任务的人。该方法也是生活中运用最多和最简单的一种时间管理方法。

闹钟式时间表法的使用技巧如下。

①以整点时间分段。比如，上午7：00—8：00起床、洗漱、吃早餐，上午8：00—9：00做高数练习题，上午9：00—10：00跑步运动等。

②劳逸结合。每天我们的大脑都在运作，但人的精力是有限的，注意力也是，不可能长时间对一件事情保持高度集中，所以闹钟式时间表在设计时间时要注意两点：

第一，时间段不宜过长，做一件事情时间过长往往很容易疲倦。

第二，在时间任务上注意劳逸结合、合理分配。

一般注意力在半小时以内最集中，学习也最有效。实施者可以根据任务繁重程度，设计每半小时为一个时间段，建议最多不超过两小时。美国微软公司创始人比尔·盖茨的时间管理方法是，设置5分钟为一个时间段，以此安排工作和生活。某学生甚至把吃雪糕、看视频、玩游戏的时间都设置进去，其实只要保证在学习、工作的时间专注、专心，在玩的时间尽情地娱乐就可以了。

③给自己每天定个目标。长远目标可以是完成期末考试、计算机等级考试、英语口语能力提升等，在实施之前先明确地写下来。然后根据长远目标可以把每天的任务分解成：为期末考试做准备，将书本的章节分一下，每天安排一点章节的内容；为了顺利通过计算机二级考试或者学一些基本的计算机操作方法，每天在某自学网站上学一些计算机软件技能；为了顺利通过英语四级考试，每天做一套真题。所以，时间表上会出现上午

学一点科目内容，中午学一点英语，下午学另一科目的内容，晚上学一点计算机软件知识。这样既可以做到长远目标有步骤地实现，也不会被突如其来的事情打扰，因为你知道什么时间该做什么。后面我们会讲到对于突发的事情，两分钟解决不了的可以安排在除学习以外的时间，如将原定的娱乐时间缩短。

二、碎片清单表法

如果是工作任务多而杂，紧急任务较多，短期内必须要完成的可使用碎片清单表法，见表 1－2。

表 1－2　时间管理——碎片清单表

每日琐碎事（__月__日）			
	碎片事件	重要程度	完成情况
1	写一篇论文	☆☆	√
2	高数看 10 页	☆☆☆	
3	英语四级套题 1 份	☆☆☆☆	
4	搜索简历，准备制作	☆	
5	学点办公软件	☆	
6	看一部电影		

碎片清单表法与“碎片时间”直接相关。碎片时间就是捎短时间，一般不超过 15 分钟。碎片时间大多数都是由一些“意外”造成的，是难以预测的、难以提前安排的。“碎片时间”虽然不在计划之中，却也是时间构成的主要部分。在“碎片时间”完成“碎片事情”就是碎片清单表法。

碎片清单表法的使用技巧如下。

①列出碎片事件。把短期的学习任务和工作任务不管是否合理、是否有必要，都先列出来，然后标注一下重要程度。任务完成后打一个标记符号，如“√”。从完成碎片任务的顺序来说，先完成自己喜欢的，再完成自己不感兴趣的，这样能促进工作效率提高；从完成碎片任务的难易程度来说，先把需要且比较容易完成的工作完成，未完成的就显得轻松许多。

②定期更新碎片事件。碎片事件一般不受时间限制，建议对碎片清单

及时进行更新，至少每周更新一次，以便更多、更细致地管理时间，充实自己。同时，由于不受时间限制，因此对想认真完成的任务，可以多花些时间和心思想清楚再做。

③标注完成情况。碎片清单表既可以每天设计，也可以每周设计，还可以每月设计，完成小任务后打“√”即可。方法简单、清晰明了，易操作且增加成就感。

三、计划清单表法

计划清单表法适用于计划和目标较少的人，不管是长期计划还是短期计划都适合。制订了计划清单表后，可以粘贴在比较明显的地方，时刻提醒自己需要完成的任务，以便在一天或者一周时间内都能够让自己有目标可以完成。计划清单表法可以说是懒人最常用的方法，简单、清晰。但是，由于计划清单表比较简单，因此对有较多任务需要完成的人不适合。

计划清单表法的特色就是需要把重要的任务排前面，在自己厘清思路、分清主次的基础上，充分利用二八定律，将主要的精力花费在最有价值的事情上面。在计划清单里，重要的事情排在前面，排在最后的就是碎片的，也可以把对自己帮助不大的事情延期或者直接放弃，见表1－3。

表1－3　时间管理——计划清单表

	重要事务（重要的排前）	完成情况	备注
1	制作一份个人简历		
2	完成思修课的视频制作	√	
3			
4			
5			

四、四象限法

许多人时常把主要的精力和时间都集中在处理那些不重要但紧急的工作上，结果将重要的事情忘记或者往后搁置，使本来可以有很多时间和机会很好地计划和完成的一件事情，却没有时间去做，随着时间的推移，就会造成工作质量下降，工作目标无法完成。

人生的一大课题是，“把最重要的事视为当务之急”。重要性、急迫性是影响时间运用的两个重要元素，人们常常把这两点混淆。时间管理最关键的一课，就是要区分出急迫性与重要性，应该把主要的精力有重点地放在重要但不紧急的事情上。

针对明确事情的轻重缓急，最著名的时间管理方法就是“四象限法”。四象限法是著名管理学家史蒂芬·科维提出的时间管理理论，他将时间按照重要和紧迫的不同程度进行划分，分为四个象限（图 1－1）：第一象限——重要且紧急的事务；第二象限——重要但不紧急的事务；第三象限——不重要但紧急的事务；第四象限——不重要且不紧急的事务。

1. 四象限法的做事要诀

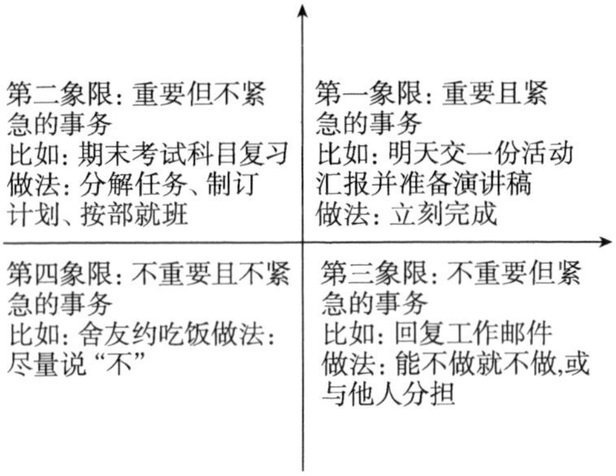

图 1－1　时间管理——四象限表

第一象限：立刻、马上、抓紧时间执行。处在这一象限的事务，在时间的紧迫性和事件的影响度上都是最重要的，所以没有时间拖延，否则既耽误了时间，又造成不好的影响，可能导致错失某些机会。

第二象限：先规划、后执行。处在这一象限的事务，虽然不具有时间的紧迫性，但具有关键事件的影响度，所以在没有规定完成时间的前提下，可以先做好打算，再出发。

第三象限：既可授权别人做，也可亲自做。处在这一象限的事务，虽然具有时间的紧迫性，但不具有关键事件的影响度，所以当自己没有时间去做时，可以找到适合的人帮助执行，有时候“麻烦别人，也是促进情感的必要环节”。

第四象限：直接不做。处在这一象限的事务，既没有时间的紧迫性，也没有关键事件的影响度，所以干脆晚点做，或者不做。

2. 区分四象限的举例说明

什么是重要且紧急的事务？比如，后天你要举办一场晚会，这场晚会对你来说是大事，并且晚会举办的日期马上临近，必须抓紧时间准备。再如，明天上午举行由你策划的项目汇报会。该会议由你策划且承担主要责任，而你只有一天的时间准备，所以这两件事无论从哪个角度来说，都是重要且紧急的。

什么是重要但不紧急的事务？比如，明年底要打造一个创业企业的品牌。打造品牌很重要，但是不能着急。再如，明年下半年要参加专升本入学考试。升读本科对以后的发展很重要，但是并不需要着急，因为还有时间规划自己的未来发展方向。

什么是不重要但紧急的事务？比如，订的外卖到了，催你下楼取餐。虽然一顿饭不吃没有什么，但是外卖员在等待你的回复，所以具有时间的紧迫度。

什么是不重要且不紧急的事务？比如，发呆和闲逛等。在此不做过多解释。

时间四象限法看似很简单，但在应用时依然要注意以下一些问题。

第一，第二象限重要但不紧急的事务才是最重要的。可以分为两种情形：一种是这件事真的很重要。比如，你的目标是成为一名作家，对你来说每天阅读和写作很重要，但某一天，你又觉得不阅读对写作的影响不大。这种情况多了，必然会影响目标的实现。另一种，这件事容易被忽视。对重要又紧急的事，我们自然会在第一时间去完成，如三天后的考试，你肯定会认真复习应考。但对重要不紧急的事，如给客户做的系统有一个潜在的 bug（漏洞），且出现的概率很小。你们因为要给客户解决其他问题，便暂时忽视了解决这个 bug，那么以后就有可能因为这个 bug 给客户造成损失。对这样的事我们就要提高它的优先级，并尽早解决。

第二，一件事是否紧急、重要并不好判断。判断一件事是否紧急、重要是一个很主观的行为，取决于你的价值观和认知。比如，一件事本身很重要，但因为知识经验的欠缺，你认为它并不重要而没有去做。还有一种情况，如女儿希望你陪她看动画片，这对你来说很浪费时间，但你的价值观认为对女儿的爱最重要，那么此时和女儿一起看动画片就是既紧急又重要的事。

第三，不要因为做了第三、四象限的事而感到不安。一般来说，我们要尽量少做第三象限的事，不做第四象限的事。但现实中，往往不能完全掌握自己的时间，有时候上级分配的某项紧急任务，你认为根本没必要做，即使事实上可能就是如此，但你还是要做。有时候看了一会儿综艺节目，这件事既不紧急也不重要，你也不必因此自责浪费了时间，只是这种情况不要太多。

总之，通过上面的分析，希望大家能客观辩证地看待时间管理四象限法，在自己的工作生活中灵活有效地应用，让自己的生活更加高效，更加有条理。

五、新四象限法

新四象限法四个象限的特点虽然大相径庭，但又有明显对比关联：从横向来看分为两类，一类是必须要做的事情，另一类是可放慢进行甚至不执行的事情；而从纵向来看，则分为计划类和非计划类。所以，在不同的事情出现时，我们要先进行简单的分类，计划必须完成的为执行计划部分，计划暂时放缓完成的为制定计划待办事项，不固定的、没计划的但又必须做的为随机的事，没有计划也不是必须做的为发呆部分。

如何区分这几种情况？比如，有计划地准备大学英语四级考试、期末考试，但可以不立刻完成，这就属于第四象限，因为在计划内可慢慢执行。再如，明天要完成班级通讯录的整理，这种忽然要执行的就属于第一象限。突发的、随机的、难以预测的，如家人致电、朋友来探望等没有计划的事情则属于第二象限。

时间管理新四象限法有助于对事情进行归类且随后做出规划，可以帮助我们认清哪些事情应该做，哪些事情可以放缓搁置，从而合理展开行动。一般建议执行计划首要完成，其次是随机的事，再次是制订计划的事情，最后留些时间发呆。发呆可以说是劳逸结合的适当休息，比尔·盖茨讲过，他一天的时间里总会给自己留一点独处的时间，去“闭关修炼”。其实，他是利用这些“发呆”时间去思考、总结、开拓。这也是效率规则所说的，适当的休息才能提高效率，见图 1－2。

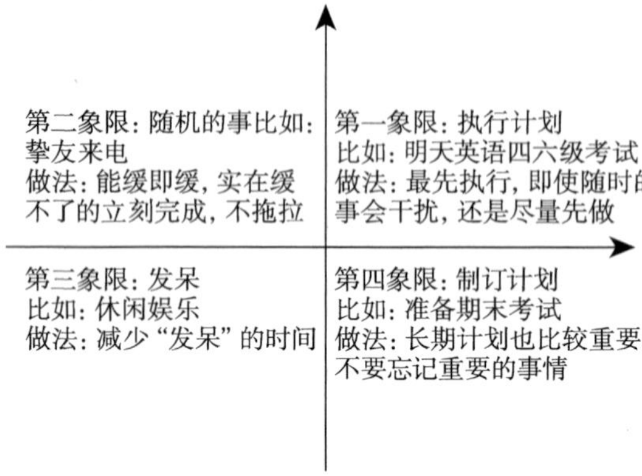

图 1－2　时间管理——新四象限表

按顺序处理就是：执行计划—随机的事—制订计划—发呆。如果遇到随机的事临时打断必须执行的计划，就需要有足够的意志和定力，适时拒绝，万万不能让各种突发事情扰乱计划。当然，随机的事情也是需要解决的。《高效能人士的七个习惯》一书中提出，“如果能在 2 分钟内完成的，立即处理；如果不能，就比较该事件与手头事的重要性，优先处理更重要的。如果手头的事更重要，待手头的事处理完毕，再去处理之前记录的事；如果突发事件更重要，就记录手头事的进度，回头再处理手头的事。以 2 分钟为限，是因为 2 分钟以内可以处理完成的，不会对当前的事造成多少干扰”。后来又有一种说法，“5 分钟内可以处理完的，也可以立即处理”。所以，看看 5 分钟能否解决，如果能解决就先完成，至少减少一项任务，这样其他计划的事情就相对来说轻松了。

在先后顺序上，通常把“执行计划”放在前面，这相当于短期目标，倘若这个短期目标是对长期目标有促进作用和关联性的就更需要前置了。

减少“发呆”时间，但不代表不需要它，只有劳逸结合才能提高工作效率。

六、打卡记录法

打卡记录法可以说是最轻松的时间管理方法，一个原因是只需要一本台历。做完一天的工作后，想想自己原定的计划完成了没有，如果完成就在对应的日期上打“√”。每个月进行总结，看看自己完成任务的结果如何，是很愉快地完成每一项任务，还是很多时候没有达标、没有按时完成，自己反省一下原因。

还有一个原因是，在每次打“√”前都会思考，今天“我”做了什么？“我”的计划是什么？这相当于快速地给自己定下一个小目标，快速地检查完成小目标的情况，这也是其一大亮点和特点。但是，由于是很简单的打卡，小目标没有被量化、详细地列出来，因此有时候会自欺欺人，把完成的其中一项任务看作全部完成了。而且当前目标与长期目标的关联性没有明显表示出来，有时候当前目标是完成了，但对长期目标来说却毫无意义。同时，简单的操作往往对紧急突然的任务和近期任务没有区分开，更没有记录当前进度，以致不科学地随意打“√”。但是打卡记录法的优点还是很明显的，简单实用，看到自己完成的量能够给人强烈的提醒，甚至很多时候起到激励作用，有助于建立自信。

此方法虽然使用方便，适用人群广泛，但对有长期明确计划目标的，希望任务做扎实的人，还是不建议使用。

如果将此方法进行改良，可以做如下修改：在台历上将要完成某项任务，或者突发的任务用“数字”形式记录下来，一般用记“正”字法。假如完成一套英语试卷、写一篇文章、制作一个小视频等为当天必须完成的五个任务，可在台历上先写一个“正”。晚上睡觉前，想想自己完成的情况，已经完成了就打“√”。这样的改良，既可牢固有用地记录当天需要完成的目标，也可大大地节省时间，使效率更高。看着自己定下的目标都实现了，也会特别开心和轻松。但需要注意，不要给自己订太多任务，根据自己的实际情况考虑，有时候还可以制定一些奖励机制，给自己一些小奖励。

打卡记录法还有另一种用法，就是只对定下的长期目标进行打卡，让记录者关注已的目标，关注已完成的部分，在激励自己的同时不要忘记完成长期目标，见表 1－4。

表 1－4　时间管理——打卡记录表

2019 年 3 月						
周日	周一	周二	周三	周四	周五	周六
					1	2
✓ 3	✓ 4	5	6	7	8	9
✓ 10	✓ 11	✓ 12	13	✓ 14	15	16
17	18	19	20	✓ 21	22	23
24	25	✓ 26	27	28	29	30
31						

七、三件事表格法

这是一个将二八定律运用到极致的方法。三件事表格法就是要列出三件事，可以是每天必须完成的三件事，可以是每周需要完成的三件事，也可以是每月甚至每年最重要的三件事。

“三件事”看起来简单，但还是有时间要求的，即要求是当天/当周/当月/当年最重要的三件事，这就让我们集中思考重要的三件事是什么，脑中要有简单的规划和排序，所以这是指引我们用最少的时间做最重要、最有价值的事情。这也正好响应了二八定律的特点，80% 的成果是靠 20% 的有用功铺垫而成，抓住这最有效的 20% 的小目标、小任务，精细、精准、精确、有效地做好，比花 80% 的努力却只取得 20% 的成效要好得多。因此，关键在于这 20% 有效能的任务，也关键在于每天/每周/每月/每年的三件事是不是有用、有价值、有意义的“三件事”。

这一方法的要点在于定下来的三件事，无论如何都要完成。如果从完善方法的角度出发，可以给这三件事设计 A、B、C 等级：A 是必须做，B 是应该做，C 是可以做。也就是说，按重要程度设计等级，按照等级关系进行优先完成。

三件事表格法适用于对工作效率要求很高的人，而且对长期目标要求必须完成的。这无论对有想法、有规划的人，还是没想法、没规划的人来说，都有很好的促进和鼓励作用。但同时也有弊端，由于展示的目标事项仅有三项，因此对每天有较多任务的人群是不适合的。如果对这一时间管理方法进行完善，可以在三件事的后面加一列，用来填写完成情况，最简单的方式就是对已完成的打“√”；或者对完成进度进行记录，使用百分比表示，以提醒自己当天或每个阶段是否按计划完成，完成进度如何，进行自检，见表 1－5、表 1－6。

表 1－5　每年/每月三件事表

年度三件事	完成情况	每月三件事	完成情况

表 1－6　每天三件事表

三件事序号	周一	周二	周三	周四	周五	周六	周日
1							
2							
3							

八、阴晴表法

阴晴表法与闹钟式时间表法有些相似，但使用的方法却完全不同。闹钟式时间表法用于对准备执行的任务、准备执行的时间段进行提前规划，强调的是未完成之前。阴晴表法是清晰地列出一天中每个时间段所做的事情，是用于在临睡觉前梳理一天所做的事情，并用不同颜色标注不同特点的任务。一般分为高效工作、休息时间、尽情娱乐和拖延的时间等模块。

为什么要有“拖延的时间”这一模块呢？其实与用不同颜色进行标注的意义有很大关系。阴晴表法主要的目的是让使用者发现自己一天或者一个星期的时间是否被合理科学地利用了，是否有因为懒惰而错过应做的事情，是否有在娱乐放松的时间上过度放纵。所以，使用了不同颜色标注，以明晰的颜色显示自己每天的事情完成情况。与此同时，“拖延的时间”这一模块必不可少。因为“拖延的时间”使用颜色标注后，通过每天的对比，一旦看到“拖延的时间”色块标注多了，就能够自我进行反省。

有拖延症或者比较懒惰的人，或者喜欢每天做简单总结的人都可以使用阴晴表法。这一方法可以使记录者既能清晰地规划时间，看清自己各时间段的收获和计划完成的如何，又能清晰地看到自己的不足，起到促进的作用，见表 1 –7。

表 1 –7　时间管理——阴晴表

时间段	具体时间	内容
上午	7：00— 8：00	起床、洗漱、吃早餐
	8：00— 9：00	做高数练习题
	9：00— 10：00	聊天
	10：00— 11：00	打电话
	11：00— 12：00	考试科目一
中午	12：00— 13：00	午餐
	13：00— 14：00	午休

续表

时间段	具体时间	内容
下午	14：00—15：00	睡懒觉
	15：00—16：00	和朋友外出娱乐
	16：00—17：00	做英语习题
	17：00—18：00	高数学习
晚上	18：00—19：00	晚餐
	19：00—20：00	和朋友逛街
	20：00—21：00	和舍友聊天
	21：00—22：00	继续聊天
	22：00—23：00	提前睡觉

九、碎片时间清单法

5 分钟我可以做什么？10 分钟我可以做什么？1 小时我又可以做什么？2 小时呢？碎片时间清单法运用的时候需要你思考以上这些问题。

这一时间管理方法在用的时候，需要先列出时间长度，如 5 分钟、10 分钟、30 分钟、1 小时、2 小时甚至 2 天，然后思考在这些时间长度内我可以做什么？比如，5 分钟我可以刷朋友圈，或者看一则简短的新闻报道；30 分钟我能完成背单词的任务，或者能梳理一些作文框架等；1 小时可以写一篇作文。碎片时间清单法使用的关键点就是系统地梳理不同的时间段，我能做什么？不用强求自己必须完成多少。这一时间管理方法给出一个指引，即可以给碎片时间进行分类，制定对应场景，如我在家和在办公室的碎片时间清单是不一样的。

采用这种方法能够清晰明了地知道有多少时间可以做多少事情，给盲目无序设定目标的人群一个很好的指引，即将要做的事情放到与之对应的时间段，要保证这个时间长度所做的事情是合理的、有可行性的。

碎片时间清单法适用的人群是暂时没有目标的人、没有任务的人，这种时间指引的方法，有助于他们避免浪费时间，避免虚度光阴。这个方法不需要每天更新，有空的时间看看即可，指引效果也是很好的，见图 1－3。

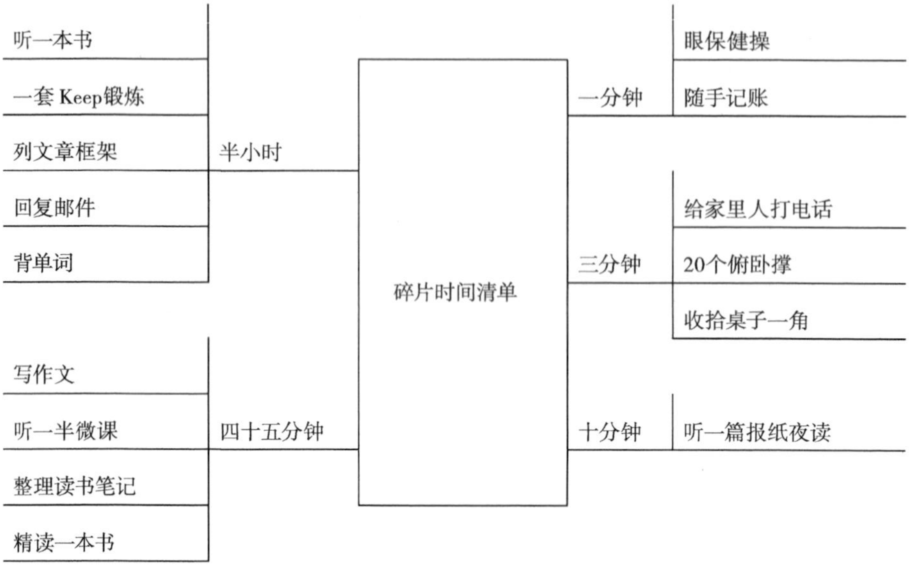

图 1－3　时间管理——碎片时间清单

十、时间评估表法

时间评估表法与碎片时间清单管理法有一点是相通的，就是列出时间长度和需要完成的任务内容，不同的是时间评估表法要先列出任务内容，再考虑所花费时间的多少，无形中不仅对任务进行了规划和梳理，还对具体花费的时间进行了规划，这能起到很好的暗示作用，暗示这一任务就要在指定时间内完成。当列出许多任务及所需时长的时候，就要时刻提醒自己多长时间完成，这是时间管理中较有效的方法。衡量时间管理方法是否合理，关键在于是否提高工作效率，能最高效地完成任务的方法就是最好的时间管理方法。

时间评估表的最右侧是实际完成时长的记录情况，如写一篇文章预测需要花费 1 个小时，实际用了 2 个小时。在一天总结中会发现，哪些地方时间不够用，哪些地方多用了时间。如果对时间评估表进行改良，那么可以在预测和实际时间的旁边分别多加一列——比例。一天 24 小时，对做不同任务预测时间的比例与实际时间的比例进行同等对比，就可以很明显地知道自己哪些地方多做了无用功。

所以，这种方法能够很好地检查时间管理的合理性问题，适合对任务不能有意识地按紧急或重要程度进行分类的人，或者不清楚哪些事情需要花费较多时间的人。在使用这种方法进行几次规划和实践后，就能够通过所花的时间与比例，看到自己各项工作的重要程度和紧迫程度，从而合理规划时间完成或者重新规划自己的任务，见表 1－8。

表 1－8　时间管理——时间评估表

单位：分钟

工作项目	预测		实际	
	时间	比例	时间	比例
制订工作计划	180		120	
工作会议	72		120	
电话	30		42	
接待拜访	30		50	
午餐	30		20	
复习考试科目	120		100	
娱乐	60		50	

以上十种方法，可根据个人性格、任务特点等进行科学的选择。

第四节　突发事件的分类

本书所谈到的高职生活中的突发事件不是指给自身或他人带来伤害的突发性危机事件，而是与时间相关的突然发生的事情。

突发的事情都带有一些共性，即一定是随机发生、不可预测并常常带有紧急性，需要立刻解决的。所以，对高职生活中突如其来的事情可先按照以下三个方面进行分类：第一，按照突发事件的紧急程度，分为十分紧急、比较紧急、一般紧急。第二，按照突发事情的重要程度，分为十分重要、比较重要、一般重要、不重要。很多时候关于事情的紧迫性和重要性的判断，常带有强烈的主观意识，由于不同的人对不同时间的重视程度不一样，所以会有不同的定性。第三，按照突发事件的属性，分为与学习有关的事件、与生活有关的事件、与学生工作有关的事件、与爱情有关的事件、与社交有关的事件、与培养职业能力有关的事件。

以上三类事件的划分经常交叉进行。比如，与学习有关的事件也可按照紧急程度具体区分，最主要的是熟练掌握适合自己的时间管理方法。

与学习有关的事件，比如，本来打算周一开始在图书馆自学，准备周末自考本科的科目，但周一上午老师上课的时候布置了作业，要求周五完成一篇论文作为期末成绩。这时候你该怎么办呢？难道要告诉老师："对不起，我没时间。要准备自考科目，我不想放弃。"这显然不可能。这样的突发事件显然很重要，既是必须要完成的，也属于非常紧急的、无可避免的，需要采取适当的时间管理方法规划和高效率地完成学习任务，并尽可能实现双赢。这一突发事件说明凡事都需提前准备，因为自考本科的事情是一个长期目标，应该在平时的时间里细化学习任务、学习目标，而不应该临时"抱佛脚"。所以，这种原本可以避免的突发事件，因为没有提前规划和未雨绸缪就显得自寻苦恼了。

与生活有关的事件，比如，电脑突然坏了，本来快写完的论文一下子全没了。这样的突发事情无可避免，但又非常紧急，该完成的论文还是需要完成，要做的就是调整心情，以最快的速度把这项内容完成。这一突发事情给我们带来的启示是，凡事都要养成良好的习惯。生活中有很多类似"电脑坏了"的突发事情，如钥匙丢了、笔记本不见了等。因此，要养成电脑文件不定时地保存，钥匙、笔记本固定放在某个位置的好习惯，使生活中的琐碎、麻烦事情大大减少。

与社交有关的事件，比如，高中同学打来电话，聊了两个小时，本来计划做一份英语四级考试卷，好好准备明天的英语四级考试，结果计划被打乱了。对于朋友间、恋人间、同学间以及师生间等社交类关系，很多时候重要性的判断很主观，重要程度如何并不是看事情的大小、难易，而是对方与自己关系的深厚程度。高中同学打来电话聊天，如果这位同学对你来说十分重要，那么这次突然来电的事情必然就很重要。有人会考虑与这位挚友聊一段时间，等结束后再学习。但这一案例要说明的重点在于应该学会适当的拒绝。此时对你来说，英语四级考试是较为重要的事情，很多时候社交关系的突发事情是可以通融处理的，显然适当的拒绝也未尝不可。再如，宿舍舍友忘记带钥匙了，但是你正在机房用电脑完成设计图作业，还差 30 分钟就可以完成了，如果现在放弃，等会回来机房又会关门，怎么办？对于这样的突发事情，如果学会了适当的拒绝，或者将突发事情委托别人处理，也是可行的。

与学生工作有关的事件，比如，我们学院要举办大型晚会，而且在英语四级考试前一天晚上，作为学生会一位干事的我，原本打算准备明天的考试，却被部长安排到晚会现场工作，时间计划被打乱了，怎么办？这一案例说明了时间管理的两个要点：第一，要对事情的重要程度进行思考和分类。对于英语四级考试和准备晚会两件事情的重要性，不同的人有不同的看法，至于如何选择就看当事人如何看待事情的重要性了。第二，是不是有一些事情本可以提前准备，从而避免自己因没准备而惊慌失措呢？学习考试类的事情往往都可以提前准备、合理规划，社交类、工作类的事情很多时候却无法提前准备，如果能够未雨绸缪，对任何的突发事情就都可以做到双赢。

与培养职业能力有关的事件，比如，你是学生会 × × 部门的重要人物，晚上 11：00，会长通知你明天要在 × × 会议上演讲。你本打算睡觉了，而且时间这么晚，如果还继续工作，就会打扰舍友睡觉，怎么办？为什么把这样的事情归属为与培养职业能力有关的事件呢？因为演讲属于技能和能力方面的展示，这方面的锻炼与未来工作、发展需具备的沟通表达、协调能力相关。对锻炼能力的事情每个人花的时间不一样。比如，经验不足的年轻教师给学生上课前要花大量的时间备课，而经验丰富的老教师则驾轻就熟地直接上课了。所以，像这样与职业能力相关的事件，建议平日多锻炼，挖掘出适合自己的方法，具体到演讲这项工作任务，可发挥时间管理方法的特点和技巧，尝试用碎片时间法给自己定个目标，理顺要演讲的内容，30 分钟内完成演讲稿的准备。

第五节　突发事件的时间管理和应对策略

高职生活中每天都有各种突发事情发生，关键在于学会管理时间。很多时候是因为自己没提前准备，自寻烦恼，就像与学习、职业能力相关的事件，这些都可以提前准备，要知道“机会是留给有准备的人的”。

一、我们应该提前准备什么

对于这个问题，作为未来必须步入社会工作的高职生，其实相当于考虑为了更好地步入社会，应该提前准备些什么？

这就要考虑职业能力需要什么。美国心理学家麦克利在 1973 年提出的著名的“素质冰山模型”中，对职业素养进行了很好的阐述和定义。麦克利认为职业素养既包括专业知识、通用知识这些显性的职业素养，是高职生必须有的，也包括职业道德、职业态度、职业意识、个人认知等，这些需要长期沉淀而成，属于隐性的职业素养。其中，职业态度一般包含责任心、吃苦耐劳、协调沟通、服务大局；职业意识一般包含团结合作、创新意识、自主学习、自律自强；职业认知一般包含抗压能力、应变能力。我们曾开展了一项关于高职院校学生的职业素养调查，并在调查中发现，企业普遍希望学生具有责任心和吃苦耐劳的精神，尤其是责任心。专业知识和通用知识则被认为是对每个高职生必备的要求，入职时已经经过检验。另外，企业也希望学生能够不断自主学习、自我增值，能克服困难独立解决问题。所以，在日常生活中，高职生更应该养成良好的学习习惯和品德。

对于职业能力，高职生需要准备什么呢？

第一，通用知识。以英语表达能力为例说明，可以随时准备学习英语单词，每天练一练英语口语，为迈向职场打好坚实的基础。准备一份英语自我介绍，为面试第一步做好准备。对通用知识的提升还可以多看看时事新闻，了解未来行业动向。

第二，学习和应用计算机能力。“学好办公软件、设计软件，走到哪里都不怕”，这是与技能锻炼相关的。“00 后”的高职生计算机技能普遍薄弱，但是现代社会中哪一项工作不需要应用计算机软件呢？所以，很有必要进行有规划的学习，要深度地学，而不是基础地学。尤其当今国家快速发展，正在向智能方面发展的中国，更需要大量懂得人工智能语言的人才，这些都离不开计算机技能的学习和应用。

第三，准备职业态度、职业意识、职业认知。对职业态度、职业意识、职业认知的准备是很广泛的，参与的各种事情都可以接触到。这里需要说明的就是，多给自己锻炼的机会，多接触、多尝试。为自己喜欢的事情坚持不懈，如喜欢画画就学设计软件，喜欢打球就多参与；为自己喜欢做的工作准备，如多看目标企业的岗位招聘要求等（此处后面章节会重点讲述）。

第四，多准备一套方案。你有想过应对突发事情的 B 方案吗？这也是必须提前准备的。凡事多一份准备方案，就可以避免被突发的事情打乱了规划。我们要想好各种问题出现的可能，尽量做到 B 方案也心中有数。

二、应对突发事件的五个方法

本书将会与读者分享如何调整心态和通过管理时间减轻突发事件的影响，将结合高职生突发事件的问题加以归纳。

第一，学会拒绝。生活和工作中或多或少都会遇到别人求助，这时就需要判断。如果自己有更重要的事，就予以拒绝，当然拒绝可以委婉些。须知对别人重要的事，对你不一定重要，而且以现实来看，多数人并没有意识到时间的价值，甚至很多事其实对当事人并不重要。

第二，2 分钟原则。生活和工作中总会遇到临时的突发事件，如突然的电话、别人突然的求助、自己突然的想法等，对这类事件有一个处理原则，即如果能在 2 分钟内完成的，立即处理；如果不能，就比较该事件与手头事的重要性，优先处理更重要的。如果手头的事更重要，就待手头的事处理完毕，再去处理突发的事；如果突发事件更重要，就先记录手头事的进度，回头再处理手头的事。以 2 分钟为限，是因为 2 分钟以内可以处理完成的，不会对当前的事造成多少干扰。

第三，学会授权。对处在四象限法第四象限中的事，尽量授权他人完成，避免将时间用于其中。关于授权，《高效能人士的七个习惯》一书将其分为指令型授权与责任型授权。其中，指令型授权相当于下命令，适用于简单的事。对复杂的事，指令型授权的效果不好，因为相当于还是自己在处理。责任型授权即将责任转交给被授权人，以结果为导向。该书列了 5 个方面可以保证责任型授权的有效性。对此，本书认为基本可以套用 5W2H 进行理解，具体如下：

①预期成果——What、Why。说明预期成果，让被授权人更好理解目的所在。

②责任归属——Who、When。大致是说由谁在什么时间去做，同时要明确业绩标准，并用这些标准评估其工作成果。

③何处进行——Where。了解事件执行场所的地点及环境，考虑该地点会造成的影响。

④指导方针——How。怎么做？如何提高效率？如何实施？

⑤可用资源——How much。对所做事情需要的数量、物质的预计。产生的费用如何？

第四，统筹原则。根据突发事件的具体情况首先设立目标，没有目标就无法管理，因此目标必须明确具体，且有完成时限；其次，按照优先的原则排序，先按重要性再按急迫性决定顺序；最后统筹安排，提高时间利用率——增加生命宽度。在具体的事项中，追求高效率并在发现问题时及时调整。此原则可在晚上检视自己的执行状况，如不满意则检讨自己时间管理方法是否得当。

第五，事前评估。如果经过评估，突发事件确实是需要优先处理的事件，就应该做好下面几项工作以保证不会扰乱手头工作的进度和思路，即给大脑“拍快照”：

①当前工作进度。手头工作做到什么程度了？比如，虽然与高中同学

聊天花费很多时间，但是之前已经完成一半试卷了。

②目前的想法。对手头工作有什么想法？

③打算如何处理。对手头工作打算如何处理？比如，如果自己解决不了就只能转交给他人。

④有条件就录音。把大脑里所有关于手头工作的东西全部记录下来。

⑤下一步行动。关于手头工作的下一步行动是什么？

保存完“大脑快照”之后，就可以评估出突发事件该如何处理了。

第六节 应对突发事件的七个习惯

前面已经说明了时间管理和应对突发事件的方法，其间也提到了习惯的重要性，本节重点讲述应对突发事件的七个习惯。

第一个习惯：积极主动。

《瓦尔登湖》的作者梭罗有一句名言：“最令人鼓舞的事实，莫过于人类确实能主动努力以提升生命价值。”为突发事件做准备，首先要建立一种积极主动的观念。什么是积极主动的观念呢？我们从一个人的时间和精力集中于哪些事务上就能判断出来。每个人都有格外关注的问题，如收入、事业、家庭、爱情、体育活动等，这些事情组合在一起构成了每个人的“关注圈”。而关注圈内的事情，有些是不被我们掌控的，有些是能被我们掌控的，那些能被我们掌控的就构成了“影响圈”。积极主动的人，会把精力更多地放在“影响圈”。他们专心做自己力所能及的事情，使自己的“影响圈”不断扩大。消极被动的人，却只会一直盯着自己的“关注圈”，把大量的时间放在超出个人能力的事情上，最后越来越怨天尤人、自怨自艾，不断为自己的消极行为找借口。所以，是不是积极主动的人在于你能否把更多精力放在自己的行动上。全球著名时间管理大师戴维·艾伦在其《搞定》一书中曾经提到，著名的时间管理方法——把事情处理完（Getting Things Done，GTD）系统中，核心的一条就是永远问自己，“下一步行动是什么”。GTD 系统使用的方法就是帮助人们建立积极主动的习惯，因此广受欢迎。

第二个习惯：以终为始。

什么是以终为始呢？比如，如果你已经过完了这一生，在听你的亲人、朋友回忆你时，希望他们说些什么呢？希望他们怎样评价你呢？如果你已经有了答案，那么对于如何过好这一生就有了更明确的答案。人们对人生往往存在两种态度：一种是被动接受，他们的人生是被家人、同事、朋友和环境影响的，没有他们自己的想法；而另一种是主动设计自己的人生，并且努力让自己的设计成为现实。以终为始的习惯就是让你主动设计自己的人生。如何才能以终为始呢？最有效的方法就是撰写一份个人使命宣言。所谓“个人使命宣言”，就是列出对你最重要的事情、人，你最重视的品格和智慧等。比如，家庭第一、坚持诚信、保持幽默，每年掌握一种新的技能。主动设计的人生，就是把个人使命宣言落实到具体的人生规划中。《小强升职记》一书里提到，想要更好地管理时间，就要先明确自己的职业价值观，这样才知道哪些事情对你来说是最重要的。职业价值观，就是个人使命宣言中与工作相关的部分。学会“以终为始”设计自己的职业，便可以更上一层楼，设计自己的全部人生。

第三个习惯：要事第一。

时间管理最核心的思想就是“要事第一”。永远把重要的时间用在重要的事情上，这是时间管理的本质。“积极主动”和“以始为终”又是要事优先的基础。积极主动，才能有充足的时间；以始为终，才知道什么是重要的事情。想要做到要事优先，最常用的方法就是四象限法。按照职业价值观，确定任务的重要性；按照截止日期，确定事务紧急性。最后，把事情分成了四大类。

①重要而且紧急的事情，不用啰唆，马上去做。

②紧急而不重要的事情，尽量分配给他人去做。

③重要却不紧急的事情，就是我们最应该重视的事了。可是这类事情却因为不太紧迫，常常会被我们忽视。

④不紧急而不重要的事情，尽量不做。

想要建立要事优先的习惯，就要先从重要而不紧急的事情入手。

以上这些也是高效能人士的第一、第二、第三个习惯，这三个习惯关注的是我们如何增强自控力。如何从被动地生活，被别人带领走向自己带领自己，打造个人领域的成功。

第四个习惯：双赢思维。

一般看事情往往使用二分法，两个人在一起，不是你强就是我强，不是占便宜就是吃亏，博弈论中称为“零和博弈”。这里提到的双赢，是愿意把生活看作一个舞台，而不是拳击场。只相信“零和博弈”的人，在他的眼中人与人之间的交往模式就只有两种：一种称作“损人利己”，就是我有受益，对方有损失；另一种称作“舍己为人”，即我有损失，对方有受益。问题在于这两种交往模式都不能长久，双方的情感、态度都会受到影响，最后的结果是两个人都要尽力做损人利己的人，恰恰是“双输”。所以，史蒂芬·柯维在《高效能人士的七个习惯》一书中提到，我们与他人合作时，如果无法达成共识，实现双赢，那么不如不合作。如何实现双赢呢？这里借史蒂芬·柯维给出的四个步骤来说明：第一步，从对方的角度看问题，真正理解对方的想法。第二步，认清主要问题和顾虑。第三步，确定大家都能接受的结果。第四步，考虑实现这种结果的各种可能和途径。以这四步考虑问题，我们就能更多地达到双赢的状态。

第五个习惯：知彼解己。

什么是知彼解己呢？就是首先寻求了解对方，然后再争取让对方了解自己。史蒂芬·柯维认为，这是人际关系中最重要的原则。我们在沟通时常存在的最大的误区，就是太执着于表达，而忽略了倾听。我们都想让别人理解我们，却一点都不愿意理解别人，最后的结果就是各说各话，不仅影响沟通，而且影响每个人的效能。所以，“知彼”是交往模式的一大转变，倘若能把理解别人放在首位，就让人与人之间的沟通有了一个良好的开始。

知彼解己的最好方法就是学会“移情聆听”。移情聆听是指以理解为目的的聆听，要求站在说话者的角度聆听，去理解他们的思维模式和感受。

很多人在听别人说话时常常是回应性聆听。什么是回应性聆听呢？就是会让对方感觉我们在听他说话，也会附和他，也会说“没错”“是的”，可是实际上我们还在想自己的事情。这样看似是沟通，实际却没有什么效果。只有真正做到移情聆听，才能与别人实现有效的沟通。

第六个习惯：统合综效。

统合综效的关键在于相信整体大于部分之和，也就是人们常说的“1 +1 >2”。两个人的合作，两种物品的组合并不是简单的加法，二者之间还会产生奇妙的化学反应，产生出更大的效果。当人与人互动时，互相之间能够产生影响，不过想要达到统合综效的效果，并不是简单地把一群人组合到一起就好，其中的关键是团体中的每个人都应该拥有更开放的心态。所以统合综效的习惯，是在双赢思维和知彼解己的基础上，才能达到的境界。只有拥有双赢思维，才能相信“1 +1 >2”；只有做到知彼解己，才能真正达到“1 +1 >2”。

第七个习惯：不断更新。

想要不断提高自己的效能，就必须保护和优化自己最重要的资产。那么最重要的资产是什么呢？就是你自己。要不断努力，让自己变得更强，可以从四个层面更新自己：身体、精神、智力、情感。

“积极主动、以终为始、要事第一”，这是个人领域成功的三大重要习惯；“双赢思维、知彼解己、统合综效”，这是公共领域成功的三大重要习惯；“不断更新”，这是一个人不断前进的必要条件。

有了这些管理时间方法的指导，你将能够很好地管理时间、应对突发事情。凡事做好准备、养成良好的行为习惯，与将面向社会工作的高职生形成良好的职业素质直接相关，因为这些都是慢慢酝酿、潜移默化而成的。

参考文献：

[1]陈晓芬．大学生课余时间管理能力调查分析[D]．南昌：江西财经

大学,2017.

[2]加卫．高职生时间管理倾向现状调查研究[J]．教育教学论坛,2019(9):89－90.

[3]贾慢慢．大学生时间管理现状调查研究:以河南大学为例[D]．开封:河南大学,2016.

[4]梁健,陈莉,张冰人．青少年时间管理倾向分析引发的对教学管理策略的思考[J]．中国校外教育(下旬刊),2014(3):42－43.

[5]杨险峰．80/20 法则与秘书时间管理[J]．秘书之友,2011(1):39－40.

[6]毕奎奎．大学生时间管理能力培养研究[J]．文化创新比较研究,2018,2(29):22－23.

[7]BARINAGA M,张昊．生物钟的原理[J]．四川解剖学杂志,1999(1):15.

[8]熊志华 ,刘娟．时间管理 3 法则[J]．国际市场,2003(1):51.

[9]胡江虹．高职生时间管理问题初探[J]．陕西教育(高教),2015(5):65－66.

[10]刘敬云．大学生碎片时间及管理研究[D]．石家庄:河北师范大学,2017.

[11]官志勇．企业领导者时间管理的现状及路径设计:基于四象限法则的分析[J]．中外企业家,2016(12):100＋103.

[12]穆然．高效能人士时间管理法则[N]．黑龙江日报,2018－11－26(011).

[13]柯维,陈文彬．高效能人士的七个习惯[J]．中国共青团,2015(12):29.

第二章　职业生涯管理

第一节　自我领导

高职教育是一种兼具高等教育特质和职业教育特质，同时面向企业需求和个人成长，承担着培养生产、建设、管理、服务一线高素质技能型人才根本任务的教育类型。要在满足基于培训的社会需求基础上既凸显个性需求，又满足“教育”要求，要体现“高等教育”的“高”和“职业教育”的“职”两个特点。面向“中国制造 2025”，我国高等职业技术人才储备的后劲不足，这也是国家加快建设高水平的高职院校的主要原因，高职生将成为推动制造业发展的重要力量。学生的职业生涯发展是将学生个人目标与社会和国家人才需求相结合的有力抓手，能从实践能力和综合素质两个维度成为学生成长的动力和加速器，以促进高职生的职业能力发展和生产能力的实现，并应该成为重要的教育板块。

自我领导是个人领导自我、影响自我的过程。高职生自我领导的行为策略和认知策略增加了他们职业准备的能力。自我领导与自我管理不同的地方在于：自我领导强调在自我影响过程中，通过内在激励和聚焦认知的活动来明确做什么、为什么这样做和如何做；自我管理则强调如何通过有效开展外部激励和聚焦行为的活动来达成既定目标和标准。在对高职生主动性、学生权利实现不断提高要求的今天，高职生自我领导水平的提升可以促进个人目标设定，进而改变高职生认知策略和行为策略，提高其目标绩效。从已有数据中我们不难发现，毕业生的职业认同与自我领导呈正相关关系，故而高职生自我领导可以为个人和企业带来更大的收益。例如，高职生的情绪调节和自我领导能力，可以帮助学生从失败的经历中迅速恢复；高职生基于自我领导策略的决定，可以促进个体道德标准和组织道德标准的一致，使个人具有更强的责任感、自控能力和自信心，激发潜在的创造力和创新意识，带来更大的职业成功。此外，自我领导所要求的良好的自我控制能力，能够缓解初入职场毕业生的压力和焦急情绪，提高他们的积极情感和对工作的满意度，帮助他们降低消极情绪，积极应对压力，以提高自我效能感，提升工作绩效。

关于大学生如何通过提升自我领导水平展开职业生涯，本书认为主要有两个部分：自我认知和自我管理。组织行为学中，自我认知是指对自己的身心状态以及与客观世界关系的认知。明确的自我认知可以从了解自己的职业性格色彩或生涯开始，不断地进行目标管理。自我认知是一切自我管理的起点。

一、生涯

“生涯彩虹图”（图2－1）从生活广度层面和生活空间层面，将人生划分为五个阶段、四个舞台、六种角色。

五个阶段：成长阶段—探索阶段—建立阶段—维持阶段—衰退阶段。

四个舞台：家庭、学校、社会（社区）、职场。

六种角色：子女、学生、休闲者、公民、工作者、持家者（父母、夫妻）。

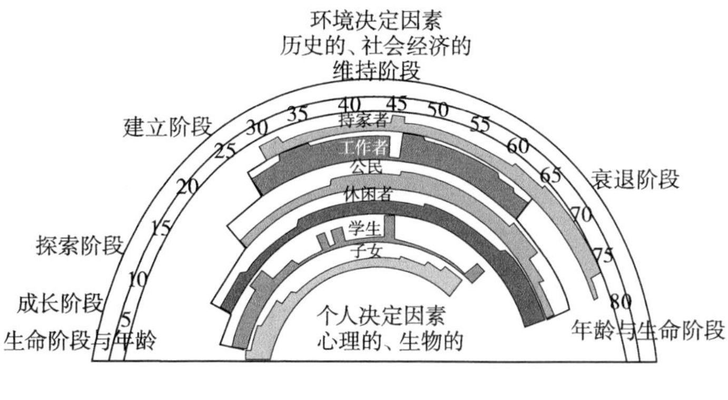

图2－1　生涯彩虹图

一个角色的成功，尤其是早期角色，如果有好的起步和发展，就会为其他角色提供良好的基础。角色越多越需要平衡与协调。高职生即将进入工作者的角色，在这个出发阶段要为自己的职业生涯打好基础并建立起良好的早期习惯，在探索阶段和建立阶段要发挥自己的优势，不断提升自己的胜任力，以免发生从职业教育中获得的好处被职业生涯后期（维持阶段、衰退阶段）的适应性不足抵消，从而减少就业或降低就业质量。

上海交通大学张磊副教授通过比较不同教育类型的个体在不同年龄阶段的相对表现，评估教育类型在整个生命周期中对就业的影响。他发现接受职业教育类型的劳动者在整个职业生涯中呈现出，早期进入劳动力市场容易且起点较高，后期在科技和技术迅猛迭代的情况下，因适应性减弱导致就业减少、就业质量降低的现象。这也提醒我们高职生要重视生涯发展的每一步，要做长远思考和准备，不仅仅满足于就业数量更要为提高就业质量做充分准备。

“95 后”高职生职业生涯规划的第一步是专业选择，并跟随着兴趣、行业起落或是经济环境发生改变。但是专业无好坏之分，不同专业对应不同的职业规划方案，大致分为工具型专业、职能型专业、行业型专业、研究型专业和综合型专业五类。

案例分析：辅导员与一名因旷课未转专业成功学生的对话

辅导员：你喜欢什么专业？你喜欢那个专业的哪个部分？你是否符合转专业的条件？如果不符合，你为你喜欢的专业做了什么？你能找到目前所学专业与你倾心的专业相似的部分吗？你是否愿意把相似的这部分学好？请试着换换思考的角度。

某同学：我想学与兴趣相关的知识，为未来的工作生活做准备。我喜欢设计类专业，但我对这个专业的学习内容、就业方向还不是很了解，我觉得我们专业与设计专业的相关度不大。

辅导员：兴趣和专业不完全相关，尽管你不喜欢这个专业，但如果你能把不喜欢的事情做好，那么你将拥有别人不具备的学习能力。专业与职业也不完全相关，专业对口率只是人才培养的一个参考风向标。所以虽然不能转专业，但你以后依旧有机会选择自己感兴趣的职业，前提是你要把兴趣转化为志趣和能力。职业和工作只是生活的一部分，所以即使你以后无法从事自己感兴趣的职业，你的兴趣也依旧可以在业余时间得到发挥，一如我们提到的斜杠青年。伏尔泰、卡夫卡、雨果都是法学专业出身，并不耽误他们成长为伟大的文学家和思想家。因此，努力做好当下应该做的事情，珍惜生命中的每个机会和每次参与，才能让你的生命更加有质量和意义。

某同学：老师，我没办法学好这些枯燥无味的理论知识，我渴望有趣的灵魂和世界。

辅导员：大学更多的时候是看你在哪个层面生活，你接受过什么样的思维训练？没有兴趣就可以放弃努力吗？假想一下，如果你能把没有兴趣的专业学好，就更能证明你的学习能力和综合素质水平。现在，虽然我们无法完全决定自己攻读的专业，但可以计划如何度过自己的大学阶段，主动权一直都在自己手中，“谁的青春谁做主”。如果你继续旷课，这样的后果和遗憾你能不能承担？如果不能，请改变。

二、生涯幻游

好，现在请你尽可能放松。在你的位置躺下或找到你觉得最舒服的姿势，调整你的呼吸。呼气（暂停）、吸气（暂停）、呼气（暂停）、吸气（暂停）。好的，保持稳定的呼吸。接下来，放松你身体的每块肌肉。放松（暂停）、放松（暂停）、放松（暂停）。

让我们一起坐着时光隧道机来到20年后的世界，请算一算，此时你多大了？容貌有变化吗？请发挥你的想象力，尽量想象。20年后你的生活、你的情形，越详细越好。

好，现在你正躺在卧室的床上。这时候是早晨，你和往日一样从美梦中醒来，先看到的是温馨的天花板。看到了吗？它是什么颜色？

接着，你准备下床。努力去感受脚趾碰触地面那一刻的温度，是凉凉的，还是暖暖的？经过一番洗漱之后，你来到衣柜前面，选择衣服准备上班。今天你要穿什么样的衣服上班？穿好衣服，你照一照镜子。然后你来到了餐厅，早餐吃的是什么？一起用餐的有谁？你跟他们说了什么话？

接下来，你锁上家里的大门，准备前往上班的地点。你回头看看你的家，它是什么样的房子？而后，你将使用什么样的交通工具上班？

你即将到达工作地点，先停一下，注意一下这个地方看起来如何？好，你进入工作的地方，你跟同事打了招呼，他们怎么称呼你？你还注意到哪些人出现在这里？他们正在做什么？

你来到办公桌前坐下，安排一下今天的行程，然后开始工作。那么，早上的工作内容是什么？你跟哪些人一起工作？工作时会用到哪些东西？

很快，上午的工作结束了。中餐如何解决？吃的是什么？跟谁一起吃？用餐还愉快吗？

下午的工作会是哪些工作？会和上午的工作内容不同吗？为什么？你在忙些什么？

快下班了哦，也许你没有固定的下班时间，但马上要结束一天的工作了。下班后你是直接回家吗？还是要先办点什么别的事，或者要做一些其他的活动？

到家了。家里有哪些人呢？回家后你都做了什么事？晚餐的时间到了，你会在哪里用餐？跟谁一起用餐？吃的是什么？晚餐后，你做了些什么？跟谁在一起？

睡觉前，你正在思考明天参加一个颁奖典礼的事，你要接受一项颁奖。想想看，你会得到什么样的奖项？颁奖给你的人是谁？如果要你发表获奖感言，你打算说些什么呢？

到了关灯睡觉的时候，躺在你早上起来的那张床上，你脑中回顾一下今天的工作与生活，过得开心吗？要不要许个愿望？那你要许什么样的愿望呢？

渐渐地，你心满意足、美美地进入梦乡。睡吧！一分钟后，我会叫醒你……

（一分钟后）

我们渐渐地回到这里，还记得吗？你现在的位置不是在床上，而是在这里。然后，你慢慢地清醒，安安静静地坐着吧。[①]

这种生涯幻游可以尽量记录下来，然后问问自己。

（1）你的五年目标是什么？你认为需要经过哪几个步骤？

（2）最近一个月你的目标和行动计划是什么？

（3）你会因为什么而对目标进行调整呢？

生涯幻游能进一步帮助你清楚地认识自己的价值观，改善自我不良意识，了解自我。

三、自我管理与自我领导

自我意识和自我管理决定了个人如何理解和管理自己的生活和情绪，而社会意识和关系管理决定了个人如何识别和管理他人的情绪、建立关系，并在复杂的社会系统中工作（Boyatzis and McKee，2005）。在已有研究中，大多数自我管理是应对问题或疾病的具体举措，而非日常提升的工具。自我管理策略，如乐观、建设性思维、积极主动的行为、寻求反馈、情绪控制和社交能力等，都没有被具体运用到学生的自我效能提升方面。自我领导（Manz，1986；Manz and Neck，2004）是个体控制自己行为的过程，通过使用特定的行为和认知策略来影响和引导自己，其过程包括心理的、认知的和行为的策略。这些策略给予你努力的力量、目的、意义和方向，使你能够有效地完成需要完成的任务。自我领导的内涵由特定的行为和认知策略构成，旨在积极地影响个人效能。

从1983年开始，自我领导出现在研究者视野范围内，到20世纪90年代，应用到各个领域之中。比如，工作场所的精神世界（Neck and Milliman，1994）、业绩评价（Neck et al.，1995）、组织变革（Neck，1996）、全面质量管理（Neck and Manz，1996b）、自我领导团队（Neck et al.，1996）、企业家精神（Neck et al.，1997a）、多样性管理（Neck et al.，

① 此部分引自金树人的《生涯辅导与咨询》。

1997b)、工作满意度（Houghton and Jinkerson, 2004；Roberts and Foti, 1998)、非营利管理（Neck et al. , 1998)、目标设定/目标绩效（Godwin et al. , 1999；Neck et al. , 2003)、美国陆军（Neck and Manz, 1999)、团队绩效（Stewart and Barrick, 2000)、团队可持续性（Houghton et al. , 2003b)、系列规划（Hardy, 2004）和伦理学（Van Sandt and Neck, 2003)。

有学者批评自我领导与其他经典的动机理论重叠，原因是他们没有理解自我领导是一种规范模型，而不是描述或演绎理论，但是自我领导策略也受到内在动机概念的显著影响。自我领导是一个规范的概念，它在自我调节、社会认知、自我控制和内在动机理论的语境中，提供了一定的行为和认知策略。自我领导可以在许多重要的方面提高自我调节的有效性。自我控制、自我管理与自我领导的区别，见表 2 - 1。

表 2 - 1　自我控制、自我管理与自我领导的区别

自我控制	自我管理	自我领导
最初来自临床研究，包括观察自我、个人目标设定、自我暗示的策略、自我强化、自我惩罚和预演等	由一组策略组成，这些策略旨在帮助个人管理行为，以减少与外部直接设置的标准之间的差异	将自我管理和自我控制提出的行为策略与基于内在动机和建设性思维概念的认知策略相结合

第二节　自我认知

面对纷繁复杂、变化迅猛的外部世界，如果对内部世界的探索仍处于茫然状态——自我认知出现偏差，就会与外部世界发展相脱节。例如，“1968 年阿波罗朝着月球前进的过程中，有个宇航员在跟地面连线时，随口说道：‘嘿，我要把镜头掉转过来，让大家看看地球。’那是人类第一次看到了自己的星球，这一刻注定意义非凡！而在此之前，人们全部的注意力都放在我们要去太空，满脑子都是月球上会是什么样的景象。刹那间，当我们猛然回头，看到黑色的天空中飘浮着的地球时，一种全新的自我觉察升起了。”高职生应该努力向内、向外地认识自己：向内探索的自我认知是指内省，也就是了解自己、发现自己；而向外探索的自我认知是“照镜子正衣冠”，客观、正确地了解别人对自己的看法。

一、职业兴趣：找原动力

“兴趣是个体力求认识某种事物或从事某项活动的心理倾向。”它主要受遗传因素和环境因素影响，其中遗传因素主要通过气质和能力影响兴趣。很多人都简单地认为，如果把兴趣做成事业，就会很幸福。比如，喜欢摄影，就每天到处去拍照；喜欢美食，就成为美食栏目的主持人。人们很多时候都把爱好和兴趣等同了，兴趣可以成为人们一生可以做的事情，可以成为志趣、成为职业。比如，很多人都想尝尽天下美酒，那就当个品酒师吧。但你是否知道茅台的品酒师为了保证舌头灵敏度，要谢绝一切辛辣荤腥的食物，这种舍弃不是一般人能够做到和忍受的。再如，虽然吃遍世界美食让人很向往，但美食栏目的主持人每天都要不停地吃很多食物，而且还要边吃边露出愉快的表情。如此吃东西，也就没那么幸福了。所以，究竟什么事情可以让你由衷地快乐？持续地投入？充分地发挥？坚定地前行？兴趣—志趣—职业的过程是怎样的呢？

首先，要找到自己有兴趣、有志趣的领域。同学们可以通过霍兰德职业个性理论帮助自己，寻找自己努力追求认识某种事物和从事某种活动的稳定心理倾向——我们的职业兴趣。职业兴趣在职业生涯中起着非常重要的作用，因为它每时每刻都在影响我们的职业方向、定位和选择，它能开发个人能力、激发积极探索与创造力、增强个人的职业适应性和稳定性。有研究表明，当你所从事的工作与自己的职业兴趣相吻合时，能发挥你潜能的 80% 左右，并能帮助你长时间地保持高效率地工作而不产生职业倦怠；反之，则只能发挥你全部才能的 20% 左右，而且你会容易迷茫和倦怠，感到疲劳。

“是直木做梁，肩负千斤；是弯木成犁，耕耘大地。”我们可参照霍兰德个性类型理论和职业兴趣量表，再综合其他相关的指标来分析自己适合从事哪类职业，尽可能实现根据个性特征选择与之相对应的职业种类，达到人职匹配的目的，以便不断地提升自己的职业成熟度。

二、职业价值观：找方向

职业价值观在职业选择中起着决定性作用。即使同样是电气自动化专业的毕业生，有的到上市公司从事产品生产、技术管理或技术销售等工作，有的读硕士、博士做科研、留校任教，有的考公务员走上从政道路，甚至还有转行从事金融证券、会计等与电气自动化专业不相关的工作。他们工作选择差异的主要原因是价值观。在人的职业发展中会出现价值观的交叉、矛盾甚至冲突，每个人要学会平衡自己的价值观。关于职业价值观的比较经典的理论有职业锚（Career Anchor）理论，由美国施恩教授（Edger H. Schein）在 1978 年提出。职业锚可以作为个人职业选择依据，为职业生涯定方向，是决定个人才能发挥的关键因素；企业根据员工深层次职业需要进行人力资源管理和开发，能够实现人力资源的最佳配置，最大限度地激发人的才能，从而实现组织远景规划。比如，不同类型职业锚对人际压力的体会有明显差别：在人际压力的高低水平上，管理能力型职业锚的智力与绩效呈负相关，安全稳定型职业锚的智力与绩效呈正相关。工作适应理论也认为，职业 = 兴趣 + 技能 + 社会需要。影响我们的不是事情本身，而是我们对事情的看法。找到理想、结合现实，才能找到最适合的道路。在我国，职业价值观有三次明显变迁：解放初期，以国家稳定为主，强调集体主义价值观，到祖国最需要的地方去；改革开放，以经济建设为中心，允许一部分人通过合法的途径先富起来；21 世纪，以构建和谐社会为中心，成功不再有统一的标准，而是看当事人的价值判断和主观体验。

根据以下简单五步可以进行职业价值观判断：

①利他主义、美的追求、智力的刺激、声望地位、独立性、成就感、管理权力、经济报酬、工作环境、工作生活平衡、社会交往、人际关系、安全感、舒适、追求新意。从中选择八项。

②如果你的公司结构发生变故，让你不得不失去其中两项，保留六项，你会选择失去哪两项？

③假如这时，行业整体发生了变故，让你不得不又失去其中两项，只保留四项，你会选择失去哪两项？

④假如此时，整个社会又发生了重大调整，让你不得不再次失去其中一项，仅保留三项，你会选择失去哪一项？

⑤剩下的三项，就是你最核心的职业价值观。

三、职业性格：找自己

“人心不同，各如其面。”列夫·托尔斯泰说过一句话：“每个人都想改变世界，却没人想改变自己。”人们把稳定的心理特征称为“性格”，而性格在中国文化语境中是相对稳定的，是天生的。如百度百科上所说，“性格是一个人对现实的稳定的态度，以及与这种态度相应的、习惯化了的行为方式中表现出来的人格特征。性格一经形成便比较稳定，但是并非一成不变，而是可塑性的。性格不同于气质，更多体现了人格的社会属性，个体之间的人格差异的核心是性格的差异”。但在西方心理学术界，更倾向于把性格看作多个连续的维度，是动态变化的。

了解自己的性格，进行自我认知，进而才能自我领导。职业规划的终极目标是促进高职生思维发展，引导个性发展。高职生群体中，由于家庭、社会支持情况等原因，贫困生群体基于经济上的贫困性和自我发展意识的特殊性，容易导致心理上的压力感和挫折感会阻挠自我认知，进而影响他们的正常适应和自我发展。能力自我意识低的学生在目标达成过程中更容易被失败阻拦，或者产生严重的目的颤抖现象；而那些自我意识高的学生即使是失败时，也会呈现出强大的抗挫能力，会更加努力直到成功。DISC、九型人格、Big Five 和 MBTI 都是建立在不同性格理论基础上的测试工具，但测试结果的解释程度受当前情绪状态、近期环境状态等因素的影响；都是倾向性测试，可以在大概率范围内帮助我们了解自我和了解他人。

MBTI 中的“M”是美国心理学家 Myers，“B”是 Myers 的母亲 Briggs，“TI”就是类型指标（Type Indicator）。这对母女于 20 世纪 40 年代，在荣格的理论基础上提出人的性格有 4 个基本维度，每个维度有 2 种倾向，构成了 16 种“性格类别”，见图 2－2。

MBTI 16种性格类型

ISTJ	ISFJ	ESFP	ENFP
INFJ	ISFP	ENTP	ENTJ
ISTP	INTJ	INTP	ESTJ
INFP	ESFJ	ENFJ	ESTP

图 2－2　MBTI 16 种性格类型

第一，心理能量。外向的人用“E”代表，他们从人际交往中获得能量；内向的人用“I”代表，他们从安静独处中获得能量。一般人兼有内向性的一面和外向性的一面，内向性和外向性绝不是二元对立相互排斥的关系。

第二，信息获取。实感的人用“S”代表，这类人用五感理解真实的世界；直觉的人用“N”代表，表示他们用第六感理解抽象世界。

第三，决策方式。思考的人用“T”代表，他们擅长用逻辑客观的方式决策；情感的人用“F”代表，他们习惯用情感和价值观决策。

第四，生活态度。判断的人用“J”代表，这类人倾向于结构化、组织化且喜欢控制；知觉的人用“P”代表，他们喜欢弹性化、自发化地进行开放探索。

在美国，近 15% 的企业雇主都使用 MBTI 性格测试，其中也包括很多世界 500 强的企业。例如，IBM 早期开拓印度市场业务时，很少有人愿意去。经过调研，根据 MBTI 测试，他们针对不同性格的人采取不同的激励措施。比如，对 IF、ES（内向情感、外向实感）型的人，就宣传印度文明的璀璨与源远流长和相对自由包容的发展空间；对 ET、IN（外向思考、内向直觉）型的人，就强调升职机会、薪资待遇以及对能力的提升。最终，IBM 完成了这项工作。MBTI 有两个很大的特点：一是交付确定性，每个人都会找到一个属于自己的答案或标签；二是没有负面评价。

同样是旅游为什么有人一定要做好计划才出行？因为在生活态度维度上，他是“J-判断型”的人，钟爱结构化、组织化并喜欢控制；而另一些人走到哪里玩到哪里，随心所欲，因为他们是“P-知觉型”的人，喜欢弹性化、自发化地进行开放探索。

四、向外探索

第一，找个合适的人，问问他的看法。这个人不一定是和你很亲近的人，因为和你关系很近的人不一定能很客观地评价你，有可能是投其所好的话。所以，你可以找个和你关系不那么近的人，也许这个人的评价会更客观。有研究表明，从视频资料观察一个陌生人，不超过五分钟的时间，更无须见面，人们就可以给出对此人的大概评价，几乎和亲友们的看法相近。此外，你还应该找一个有可能给你确定性答案的人。比如，你如果想知道异性、领导对你的看法，就应该去找个异性或领导问问。

第二，尽量具体化自己想知道的事情。不要让他们大概或随便说说对你的意见或看法，一定要具体到某一个点或方面。比如，如果你希望自己在别人眼中是一个散发魅力的人，你可以找个昨晚和你一起参加活动的人，问问他对你活动后的印象。反思自己做了哪些事帮自己树立了那个形象？又做了哪些事不利于那个形象？

第三，多注意别人的反应。先想想自己想成为怎样的人，再把这个目标与实际结果进行对比。比如，如果你希望自己是个幽默的人，那么你讲了笑话之后，就要看看别人是笑了还是没什么反应。

第四，观察别人对待你是否有所不同。不能只观察对方的肢体语言，还要注意他们对别人的态度，比照一下对你的态度是否一样？你说话时他们听得更多，还是更少？笑得多还是少？另外，纵向观察一个人的反应是否会伴随时间推移而发生变化也很重要，因为别人对你的态度如果有任何变化，有可能因为你发生了变化。

（1）你做过哪些有成就感的事？

答案不只是局限在学习和工作上，所有让你有成就感、自信满满的事都可以。如果你觉得“成就感”这个词过于抽象不好衡量，也可以想想有哪些事情你比别人做得好或做得快。

（2）做哪类事情之前你会无比期待？

你更愿意花时间在哪些事情上面？

你接到哪类任务时会跃跃欲试，心里面已经开始抑制不住地有各种想法冒出来。又或者在做的时候，时间会过得特别快，甚至做完之后还忍不住想，下一次我会怎样去做。

（3）你认为如果自己努力的话，可以擅长做哪些事情？

试着把你看到别人做过的，同时你也希望自己能做到的事情列一个清单，看看如果通过你的努力学习和训练，这些事情是否能做到。

1909 年，美国波士顿大学教授弗兰克·帕森斯（Frank Parsons）在其著作《选择一个职业》中提出人职匹配理论，表达人与职业相匹配是职业选择的焦点的观点，即帕森斯的特质因素理论，又称帕森斯的人职匹配理论。特质因素理论是最早的职业辅导理论，该理论认为每个人都有独特的人格模式，每种人格模式的个体又有与其相适应的职业类型。所谓“特质”是指个人生理和心理的特点，包括能力倾向、兴趣、价值观和人格等，这些都可以通过心理测量工具加以测量。所谓“因素”则是指在工作中要取得成功所必须具备的条件或资格，这可以通过对工作的分析了解。特质因素理论存在有限静止和固化的倾向。在现实生活中，追求完全的人职匹配是不科学的，但是仍然可以通过职业测评工具来帮助我们进行职业定位，见表 2－2。

表 2-2　职业测评工具表

类别	推荐测评	简要说明
职业兴趣	霍兰德职业兴趣测试	根据兴趣的不同，职业人格可分为研究型 I、艺术型 A、社会型 S、企业型 E、传统型 C、现实型 R6 个维度，每个人都是这 6 个维度的不同程度组合 并能够帮助你发现自己的职业兴趣倾向，或者排除自己不感兴趣的领域和岗位
职业价值观	职业锚测试	职业锚是指当我们不得不做出职业选择的时候，无论如何都不会舍弃的职业中的某种最重要的事物或价值观，其实就是我们选择和发展自己的职业时所围绕的核心。职业锚类型有 8 种，包括自主型、创业型、管理能力型、技术职能型、安全稳定型、挑战型、生活型、服务型 了解自己的职业价值观，在做重大职业选择时可以帮助你学会取舍
个人特质与职业选择	盖洛普优势识别器	帮助发现自己的天赋优势。测试结果包括四大领域（执行力、影响力、关系建立、战略思维），共 34 个优势才干主题的排序如下： 执行力：成就、统筹、信仰、公平、审慎、纪律、专注、责任、排难 影响力：行动、统率、沟通、竞争、完美、自信、追求、取悦 关系建立：适应、伯乐、关联、体谅、和谐、包容、个别、积极、交往 战略思维：分析、回顾、前瞻、理念、搜集、思维、学习、战略 测评者可以关注自己的突出才干，在职业选择中找到与自己的突出才干更匹配的工作机会，并在工作中充分发挥这一才干
	DISC	主要从“任务—人际”和“直接—间接”两个维度出发，将人的行为风格分为四种基本风格：Dominance 支配型、Influence 影响型、Steadiness 稳健型、Conscientiousness 谨慎型 不同风格的人在职业选择上会有不同的倾向性，同时即使在同一岗位类别上工作方式也会有差异
	MBTI	以瑞士心理学家荣格划分的 8 种类型为基础加以扩展，形成 4 个维度：外倾 E—内倾 I、感觉 S—直觉 N、思维 T—情感 F、判断 J—理解 P，并据此形成 16 种人格类型 不同类型的人在职业选择上会有一定的倾向性，如 INTP 倾向做研究，ISTP 倾向基于体系化、流程化的执行，ENTJ 倾向带团队。但不是说某一类型只做什么工作，这个工具主要帮助测试者找到更适合自己的工作领域和工作方式
	4D 领导力	从信息获取模式的偏好是直觉型还是感觉型，天生的决策过程是情感型还是逻辑型，把人分为绿色培养型（情感 & 直觉）、黄色包容型（情感 & 感觉）、蓝色展望型（逻辑 & 直觉）和橙色指导型（逻辑 & 感觉） 不同类型的人在注意力焦点、职业选择、沟通风格、领导风格方面均有不同的偏好，这个工具对自我探索和人际沟通都有一定的启发

第三节　自我管理

高职生核心能力培养的内核是自我管理，目标设定可以改善认知策略，是高职生持续成长的关键。自我管理特别像手机底层的操作系统，要有意识地把底层的操作系统不断升级，这样才能承载更多的内容，迎接更好的未来和可能。

一、目标管理

（一）有目标

我们都需要进行目标设定，这已成为人们的共识，但是为什么呢？有用吗？

爱丽丝："请你告诉我，我该走哪条路？"

猫："那要看你想去哪里？"

爱丽丝："去哪儿无所谓。"

猫："那么走哪条路也就无所谓了。"

从爱丽丝的对话里，我们知道目标设定是重要的。没有目标，行动就无法专注、无法执行，更无法借助外界力量。而且，目标不是孤立存在的，目标的达成需要成熟的工作思路和明确的计划作为支撑，类似于战略—战术、终极目标—阶段目标的关系。

（二）好的目标

高职生很多时候设定目标是基于满足成长的需求，更多的是一种心理需求。目标带来的确定性能够帮助学生从迷茫、压力、焦虑中走出来，明确自己与别人、自己与世界之间的边界。关注自身，清楚哪些是自己可以把握和争取的，把个人的"外界目标"转换为"内部目标"。

比如，你的面前有一个升职的机会。你准备好的个人简历系统地描述了自己取得的各项成绩，你把简历交给领导，希望能获得晋升。如果你的目标是要获得一个职位，那么它就是一个“外界目标”，这里面有很多因素是你无法控制的。可能是你的竞争对手表现更好，也可能是领导用人习惯不同。如果把希望放在外界目标上，你就会不断被影响，会产生各种焦虑不安的情绪。所以，你应该选择一个“内部目标”。你虽然控制不了外界，但是可以平衡自己。把目标设定为自己努力所能及的，写一份最适合的简历。

此外，高职生很容易把目标与渴望相混淆。目标并不仅仅是“你想要什么”。一个人在面对现实时必须将“目标”与“欲望”区分开。例如，我渴望整天读小说、吃美食、写漂亮的文章、减肥——但我知道这些渴望是无法实现的，所以必须优先考虑自己想要的。“目标”就是你愿意放弃其他来最终争取的东西，是由你的价值观决定的。

好的目标设定能增强自我效能。米开朗基罗说过，“对我们大多数人来说，最大的危险并不在于我们的目标太高，我们错过了它，而是它太低了，我们达到了”。在日常生活中我们会发现，人们的自信心越强，就越愿意制订和追求更具挑战性、更远大的目标。比如，你想要学会游泳，第一步要学会漂浮，第二步就是扶住岸边学会踩水，然后开始使用简单泳姿游较短的距离，接着一个一个目标去实现。因为这些目标与游泳有关，所以你的自我效能感就会得到激发。不久，曾经难以想象的横渡湖泊的目标也将会变得容易。随着自我效能感的提高，你甚至敢于自我实现预言（Self - fulfilling Prophecy）。自我效能感是建立在自信基础上的，而自我实现预言则是因为你和其他人已经提前行动了，你认为结果应该会如你所愿。

（三）如何设定目标

陈春花（2016）认为自上而下地分解目标，再自下而上地层层保证就是目标管理，目标管理需遵循的原则很多。但是对高职生而言，目标管理更多的是指学业目标、职业目标等。从宏观上讲，目标管理就是基于未来做当下最合适的选择，进行资源分配，决定做什么和不做什么；从微观上讲，如何确定目标、达成目标，借助时间管理提升效率。好目标就类似于“跳一跳，能够着”，既有难度又具体。

SMART 原则

①Specific（具体）：不能模糊不清地说要加大力度研究新产品，要有具体的研究方案。

②Measurable（可测）：将来目标是否完成，结果要是可以测量的。

③Achievable（可实现）：给自己规定的这些任务不能好高骛远，要是可以实现的。

④Realistic（有现实意义）：目标要与其他目标是相关的。

⑤Timeline（有明确期限）：什么时候做到，要有说明。

目标一定要具体。具体的目标能够帮助人们把注意力高度集中在一个明确的任务上，以便能很容易地看到努力与目标实现之间的关系。目标一定不能过于困难，一定是通过努力可以达成的目标，即“Stretch goals”（延展性目标），跳一跳能够得着。也就是说，这种延展性目标属于向前延展一下，即可以达成的。如果觉得无论怎么努力都无法完成，就一定要彻底放弃。

扎克伯格的目标

扎克伯格从 2009 年开始制订并坚持努力完成个人挑战，到现在这项著名的年度挑战计划已经进入第 10 年。

2009 年：每天打领带上班。这对常年着灰色 T 恤的他来说确实很有挑战。在 2009 年经济危机未完全扩散的阴影下，公司还未盈利。为了确保可持续发展并时刻提醒自己，他每天都打领带。

2010 年：学习中文。

2011 年：只吃自己亲手屠宰的动物。

2012 年：每天写代码。

2013 年：每天要跟 Facebook 以外的人见面。

2014 年：每天写一封感谢信。

2015 年：每个月读两本书。

2016 年：挑战开发一款能控制家庭环境的人工智能助手，以及全年跑步 365 千米（实际完成 587 千米）。

2017 年：游历美国的每个州，与美国各州民众交流。

2018 年：防止 Facebook 这个强大的互联网平台被滥用。“今天的世界让人感到焦虑和分裂，Facebook 还有很多工作要做。比如，保护社区不受滥用和仇恨的影响，抵制其他国家政府的干涉，确保用户花在 Facebook 上的时间是有价值的。我们不能阻止所有错误和滥用的发生，但我们仍在不断完善用户条款并防止被当作错误的工具使用。今年我的个人挑战就是修正以上重要问题。”

2019 年：主持一系列公开讨论活动，探讨科技发展的未来及其对社会的影响，包括机遇、挑战、希望和焦虑。

①目标具体化。也就是说，把大的目标拆解成每天都可以落实的小目标再去执行。

②把目标融入日常生活。要点是以旧带新，指的是将新目标和原来的日常习惯结合到一起。

③ 66 天法则。想形成一个新习惯，最开始肯定是不容易的。一般来说，人们要想养成一个新习惯，大概需要 66 天的时间。所以不管怎样，坚持 66 天，让你的大脑与新习惯之间建立连接。

二、时间管理

清华大学经济管理学院宁向东教授说：“每个人都有时间管理问题，从每个人如何改善时间使用效率，就可以训练出改造他人、改造组织的能力，更有效地度过一生的能力。”时间管理的方法有上千种，但是其核心还是聚焦目标，专心于对外管理事务、管理关系，对内管理自己，通过制订计划提升执行力，灵活应对变化。

学会用列出优先级的方法做选择，与时间做朋友。我们可以准备一张纸、一支笔，把自己每天 8 个小时工作和学习中的每项内容所需要的时间全部写出来，然后进行分析。

利用前一章讲到的四象限法，我们可以用四份清单管理自己的时间。第一份清单列的是“重要但不紧急的事情”；第二份清单列的是“紧急且重要的事情”，如某个工作出现，而当下没办法立刻完成就将其记录在这份清单上，并且要努力把清单上的事情做完；第三份清单列的是“紧急但不重要的事情”，就是那些可以交他人办的事情；第四份清单列的是“不紧急且不重要的事情”，就是不值得花时间做的事情。

当你要把事情放到第一份清单上时，第一步要做的就是问问自己，这件事情对达成你的目标是否会有帮助？这件事一定要由你做吗？这两个问题的答案中只要有一个是“否”，这件事情就该取消，或者交给别人处理，退出你的清单。我们的时间是宝贵的，一般上午效率最高，情绪好、注意力集中，中午开始变弱，到晚上又有回升；课堂 45 分钟，最宝贵的是前面 25 分钟，所以理论课大多数放在上午和课堂的前半段。时间管理就是为了提升效率。

①只有真正意识到自己是如何支配时间的，才能管理你的时间。

②目标设定是第一步，“如果连自己应该朝哪个方向去都不知道，那么你是在盲目地旅行”。

③时间管理最终是关于怎样做出选择，“目标达成讲的就是做出艰难的选择，就是在许多需要你付出时间的、相互竞争的需求中做出选择”。

④想办法把非生产性时间转变为生产性时间。

⑤拖延是大敌。“试着将自己设想成：你要么在前进，要么在后退，要么，你是在向着你的目标前进，这当然很好；要么，你是在远离你的目标。当你站着不动时，你的目标很有可能是在离你远去。”

⑥要有一颗“似水之心”，清理掉工作和生活中影响你思想的各种杂乱纷扰。

⑦提前思考你想达成的目标，可以增加实现预期的可能性。

⑧要确定每天事务的优先次序，要记住二八定律：“导致达成目标的

80%的进展来自你20%的活动”。

⑨分心是梦想的杀手，会削弱你的聪明才智。当你决定工作时就专心工作，不要让来自外界的干扰打断你的努力。

⑩选择对你来说行之有效的时间管理技巧，“你可以对不同的方法进行试验和尝试，关键是要努力把你的每一个小时都使用得尽可能合理有效”。

三、情绪管理

情绪是指主观感受未经筛选、鉴别就进行表达与输出。情绪在受到严重刺激时最难管理。情绪管理要面对正面情绪、负面情绪以及高强度的情绪刺激，关键在于要根据情绪产生的情景、情绪的类型和情绪强度进行管理，而不单单是“喜怒不形于色”。高职生往往把压抑情绪、不反抗、独立承受情绪伤害当成情绪管理的办法，这样做不利于促进自己更好地适应社会环境和实现自身的可持续发展。我们的情绪管理能力也是长期形成的，与家庭教育方式、社交环境和年龄等因素相关，甚至气候条件也能成为影响情绪管理能力的因素。比如，在日常生活中我们更容易对自己的亲人发火，而对外人则常表现出有所调节的情绪行为。

情绪管理之所以重要，是因为情绪会参与到人们的决策与判断之中，而且容易传递，人们平均每10秒做一个决策或判断。情绪差的时候工作或学习就很难表现好，而情绪饱满的时候，创造力和认知能力都会有所不同（表2－3）。所以，麦肯锡的团队最经常说的一句话是：“Anyway，PMA（positive mental attitude） is most important。”

表2－3 马云和创业伙伴情绪对比

事件1：1994年，海博英语翻译社入不敷出 合伙人的消极情绪表现：创业的朋友中途退出——不抱希望 马云的积极情绪表现：于义乌销售小商品支持海博英语翻译社的日常运营——希望、乐观
事件2：1995年12月，中国黄页刚成立几个月 合伙人的消极情绪表现：宋卫星提出撤资——对黄页失去信心 马云的积极情绪表现：进入北京进行广告宣传，包括在《中国贸易报》《人民日报》《东方时空》等媒体上宣传黄页——激情、希望

续表

事件3：1999年，从北京辞职回杭州再次创业 合伙人的消极情绪表现：当时金建杭说："大家眼神是怎么样的呢？都是迷茫、空洞的"彭蕾说："他说要做最伟大公司的那一刻，我一点也没激动……我不太相信这个说法。" 马云的积极情绪表现：站在桌子上快速而疯狂地发表激情洋溢的演讲——激情
事件4：2000年互联网寒冬 合伙人的消极情绪表现：Porter说："公司里40个老外，只剩下5个了……心里很失望。" 马云的积极情绪表现："跪着也要活下去。""我们一定会赢，我们一定会重新站起来，我们一定会取得这场战役的胜利。"

此外，情绪还在很大程度上导致拖延症的产生。首先，拖延≠懒惰，拖延公式U = EV/ ID，其中U是效用，就是最终完成任务的程度。它等于你对成功的期望（E）与你对完成任务的价值或执行任务时感到的愉快程度（V）的乘积，除以你的分心程度（I）与你对延迟满足的敏感度（D）的乘积。很多人都有拖延的习惯，在工作和生活中制定了很多目标，却一直拖着不想做，主要是因为信心不足、动力缺失、冲动分心和回报遥远。比如，"瞎忙拖"是指做事迅速、节奏快，只在自己最重要的事情上一直拖延；"宅拖"是指信心不足或因动力、阻力冲突而导致拖延。巴基斯坦Quaid－i－Azam大学国家心理研究所研究发现，风险承担、任务厌恶和决策是学业拖延的重要预测因子（原因）。任务厌恶是中等水平回归系数的最强预测因子，而且学业拖延症在所有三个教育层次（学士、硕士和博士）中都很普遍。任务厌恶、时间管理、懒惰、对控制的反抗、决策和缺乏主张是社会科学学生比自然科学学生更常见的学业拖延原因，且差异显著。总体上，任务厌恶、对失败的恐惧、依赖性、决策和冒险是学生沉迷于学业拖延症的常见原因。同时，通过对拖延动机的分析，斯蒂尔总结出了一个拖延公式：行动动机＝（期望×价值感）÷（冲动×延迟时间）。这个公式的结果不是一个特定的值，而是一个相对大小。期望和价值感越大，回报就越大。在这个时候，人们更有动力，更不可能拖延。人越冲动，就越有可能忽视未来，导致拖延症的增加。可以推迟的时间越长，任务的截止日期就推迟得越长，延迟的时间也就越长，见表2－4。

表 2－4　拖延症的主要类型、表现及应对办法

类型	拖延表现	应对办法
缺乏自信型	这类人拖延主要是因为期望值低。有 39 项涉及近 7000 人的研究发现，虽然有些拖延症是由过度自信造成的，但更常见的拖延症是由缺乏自信造成的。这些人通常不是很自信，尤其是对他们拖延的任务。例如，一个学生可能因为作业太难而拖延。再如，一个拖延锻炼的人可能是因为不相信自己能坚持下去	适度的乐观自信。乐观对克服拖延症非常重要，只有这样才能采取行动。此外，还有三种让人更乐观的方法：第一种是从小事做起，把注意力集中在小的改进上，把困难的任务分成小块；第二种是从别人那里获得灵感，如看一些励志电影、自传、演讲等；第三种是想象一个愿望实现的情景，用成功的幻觉对抗尴尬困窘的当下情景
缺少价值感型	拖延是因为觉得所做的事情没有价值。换言之，你不愿意承担或执行的事情可能是你不喜欢做的事情。价值感衡量的是你有多喜欢某件事的重要指标。你越不重视一件事，就越难以去做。如果是和亲朋好友小聚、喝茶聊天，这都不是问题，但如果你被要求做一些让你厌烦的事情，那么开始就是最难的一步了	找到事情的价值。无论是谁，一旦觉得某件事情既无意义又无聊，就很容易想到拖延。无聊的任务让你觉得自己被工具化了，所以非常容易分心。但其实有很多方法可以让事情因被赋予意义而变得有趣。首先，为了让工作不显得那么枯燥，可以试着增加难度。当然，要把握适度原则，过犹不及，太难的任务只会给人带来挫败感。你可以设立目标，并试着打破自己的纪录。比如，看看你能不能减少一大半的时间完成任务等。其次，你可以找到自己和任务之间的关联。当你把任务与自己建立关联，完成任务对你而言是有意义的时候，你就更不容易拖延。比如，如果你喜欢人际交往，就可以把“打扫办公室”这个任务重新定义为，“给同事们提供一个温暖舒适的办公场所”。最后，为了增强自己的内部动机，可以把你的长期计划描述为想要实现的成就，而不是想要避免的失败。有了长期目标，人们拖延的时间和概率就会减少，表现自然也会更好
冲动型	期望得到快速回报，无法经住诱惑，遇事、做事都容易冲动和分心。他们经常从做一些让他们感到轻松的事情开始，或者更喜欢选择一种较小但即时的快乐，而不是大一点儿但还要等一会儿才能得到的快乐。对这些人来说，影响他们决定的因素不是某件事可能或一定会带来的好处，而是时间。他们看重快速的回报而不是需要等待的回报，愿意仅仅是因为他们很冲动。由数千人参与的十几项研究表明，冲动、责任心低、自控能力差、容易分心等个性特征都是拖延的原因	防止分心。分心也是拖延的主要原因，所以要采取一些方法，消除让你分心的诱惑。你可以想象拖延的灾难性后果，对拖延的后果思考得越具体、越生动，你就越不容易分心。此外，当面对干扰可能分心时，可以专注于最基本元素或拆解为最小单元。比如，你可以把巧克力奶油蛋糕想象成脂肪和糖的混合物

四、自我赋能

自我赋能的关键在于爱上不完美的自己，自己赋予自己力量。赋能是一个自内向外的自我激励的过程，即由外部因素触发，在知情意平衡过程中使心智得到成长。建构派的生涯咨询强调个人经由自己所做的决定和选择的行动来建构意义，认为人们的能力是可以提升的。首先要有意愿、需求和动机，然后在此基础之上用开放的心态，经过认知层面的学习和实践锻炼达成目标，与社会可接纳的现实进行协调。自我赋予能力和能量通过言行、态度、环境的改变，可以让人们的生活过得更积极和自信，获得正向的结果。

这些能力要项究竟是什么含义？包含哪些具体的内容？做到什么程度算达标？做到什么程度算优秀？有没有有效的训练方法来提高这些能力呢？

下面举个日常的自我赋能在生涯规划中运用的例子，以具象化自我赋能的过程。

①与指导教师形成稳定的相互支持的关系，加强自身的独立性。

②从自己的意图和建构中，帮助自己获得足够的对自我和工作世界的知识。

③寻找成就动机，努力提高承担自我责任的能力，构筑具有个人意义的计划并实行，增强自我效能。

④现实地分析个人构筑的计划，充分考虑可能影响思考的内在要素或外部事项，重点是如何确立未来一生的方向和意义，或者当我们在环境中受到外在的人、事物的影响时，如何处理它们与个人生涯的冲突或不协调。

简而言之，与指导教师建立合作同盟关系，自我教育、自我激励，审慎地评估和决定建构的生涯计划，实施调整、重新建构计划的意义（包括个人意义和社会意义）。

自我赋能的过程是改变思维的过程，不再将力量之源寄托在外，而是有对自己的选择负责的决心和能力。勇往直前，直面内心的恐惧与怀疑，主动改变自己。许多研究发现，学习目标定向通过个人成长的主动性，直接或间接地增强自我赋能；发展性工作经验对自我赋能也有直接的正向影响；其他个人因素对自我赋能影响的作用机制还有待进一步的研究。

参考文献：

[1]姜大源. 高等职业教育的定位[J]. 武汉职业技术学院学报,2008(2):5-8+11.

[2]MANZ CHARLES, NECK C. Mastering self-leadership: Empowering yourself for personol excellence[M]. 3rd edition. London: Prentice Hall, 2007: 91-110.

[3]HANUSHEK E A, WOESSMANN L, ZHANG L. General education, vocational education, and labor-market outcomes over the life-cycle[J]. Journal of Human Resources, 2017, 52(1).

[4]吉姆·兰德尔. 时间管理:如何充分利用你的24小时[M]. 舒建广,译. 上海:上海交通大学出版社,2012.

[5]周小虎,姜凤,陈莹. 企业家创业认知的积极情绪理论[J]. 中国工业经济,2014(8):135-147.

[6]STEEL P. The nature of procrastination[J]. Psychological Bulletin, 2007,133(1):65-94.

第三章　创新意识管理

第一节　想什么、怎么想、怎么干

一、高职生创新能力及创新思维的需求调查

2018 年 6 月，在对广州 4 所高职院校 1739 名学生开展大学生自我发展需求调查问卷及最希望提升哪方面技能时，有 1532 人认为需要提升创新思维，占总调查人数的 88%；其次分别是职业能力占 68%、资源整合占 57%、推销技能占 39% 和压力管理占 31%，见图 3－1。

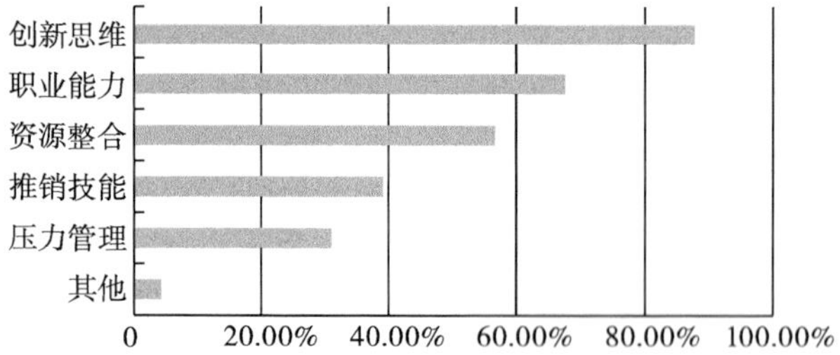

图 3－1　提升创新能力的调查

在对 730 名学生开展大学生自我发展需求调查问卷及希望提升创业思维的原因时，占被调查人数 50%（364 名）的学生认为自己的思维方式固化、缺乏自主学习意识，不知如何开展创新实践；选择提高就业竞争力和大学生就业创业已成为主旋律，分别占 32% 和 18%，见图 3－2。

根据对2469名学生的调查结果得出，当代大学生对提升创业能力、改变思维方式持积极的态度，这与国家提出的“大众创业、万众创新”政策和大力发展创业教育有关，也与当代社会人才要求相符、与企业招聘岗位要求相符。因此，培养大学生的创新意识、形成创新思维、提高创新能力，让大学生成为富有企业家精神的人才，是目前高校培养人才的重要任务和目标。

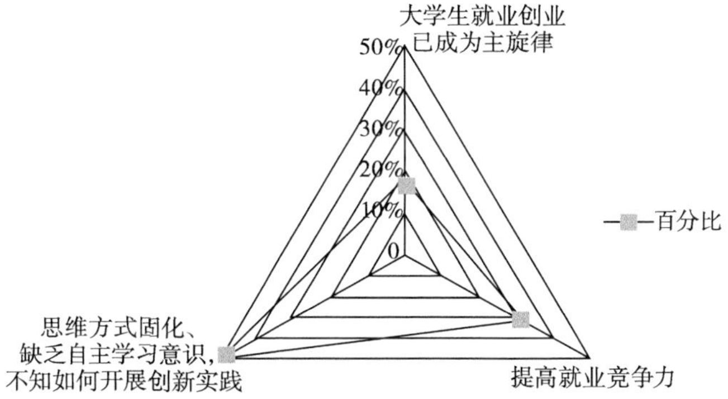

图3－2　希望提升创业思维的因素调查

二、创造力的三要素

清华大学经济管理学院钱颖一教授在湖畔大学第二届开学典礼上表示，创业的核心表现是创造力的三个要素。

首先，创造精神是一种表现为“想什么（What to think）”的心态。创造精神指的是其他人没有想到也无法思考的问题。这种心态永远不会因现状影响结果，是希望与众不同。当马云和扎克伯格在中国发展高层论坛上谈到企业家精神时，他们都提出企业家考虑的第一件事不是如何建立一个公司，而是建立一个公司的使命是什么，需要解决哪些新问题。“想什么”是一种选择，你可以从中看到这个人的心态。具有创造精神的人，其所思所想都是与众不同的，都是别人觉得不可能实现的。

其次，创造性思维表达为“怎样想（How to think）”。创造性思维指的是一种打破“思维模式”，是突破传统思维和习惯性思维的思维方式。

不同的企业家对创造性思维有不一样的表达，如乔布斯设计的 Apple 的广告词——不同的思维（think different），斯克则特别钦佩“反直觉思维（ounter intuitive thinking）”，蒂尔喜欢强调“逆向思维（ontrarian thinking）”。这 3 个词的提法虽然不同，但它们都属于创造性思维。

最后，创造能力表现为“怎么做（How to do）”。仅仅有创新的想法是远远不够的，还要有在创新的事情上取得成功的能力。比如，能把创造性思维转化为创造性行为，在面对失败时能不断学习，在挫折中不断修正自己的缺点，提高自己的能力等。企业家认为失败是常见的，如果成功率只有 10%，他们就会乐观地认为成功的概率将会达到一半或更高。这并不是说成功的概率真会超过 50%，相反，企业家会不断调整自己，并学会在失败后改善自己的不足之处。这个过程通过多次重复，最终的成功率会超过 50%。这就是企业家如何表达他们的创造力，以及如何把不可能的事情变成可能的能力。

钱颖一教授以创新的方式告诉我们，“想什么、怎么想、怎么干”就是培养创新意识、训练创新思维、提升创新能力的过程。创业教育是培养创造力、创业精神和企业家精神的核心。然而在当前的传统教育中，教师将传授知识作为教学任务、学生将掌握知识作为学习目标。虽然这种教育也在企业管理中发挥作用，但这不是当今社会和企业最需要的人才培养精神。

马云、柳传志、冯仑、郭广昌、史玉柱、沈国军、钱颖一、蔡洪滨、邵晓锋九位成功的企业家和著名学者，共同发起和创办了湖畔大学。马云是第一任校长，最早的校址位于阿里巴巴所在的杭州湖畔花园社区。其办学宗旨是：在新的商业文明时代里培养拥有创业精神的新一代企业家。其招收的学员均是具有创业 3 年以上经验的创业者，是一所非营利性学校。

第二节　培养大学生创新精神

获得国际发明奖的包起帆，其“普通人创新理论”对人们很有启发性。他说：“我在上海国际港口集团工作，曾是一名装卸工人。但我相信，只要热爱我的工作，即使在平凡的工作岗位中，也会产生影响人们生活方式的创新理念。”“创新不仅是科学家在实验室里的工作，更应是成千上万的工人们在平凡岗位上共同参与的工作，创新不应分岗位。”基于这种信念，包起帆由一名普通的装卸工人转变成为拥有九项国家专利及国际发明金银奖的获得者，并且被誉为“抓斗大王”。

包起帆的案例给我们的启示是，是不是只有少数前沿人才需要创新？一个普通的工人或员工，就没有必要进行创新？其实并不是！创新对每个人都很重要，创新可以使人们的工作更加高效和有趣，创新可以让人们的生活更美好。

一、什么是创新

1912 年，美国著名政治经济学家、“创新理论”创始人约瑟夫·熊彼特（Joseph A. Schumpeter）在他的著作《经济发展概论》中指出，创新是把生产要素与生产条件形成一种“新的组合”，然后引入生产系统。这种“新的组合”包含了通过意识开发新的产品、采取新的生产方式、开拓新市场、支配或抢夺半成品或原材料的供应源、实现新的工业组织。

根据熊彼特的相关界定，创新就是打破经济系统运行过程中周而复始的均衡状态，重新组合经济系统的一些要素，而且只有这些要素得到重新组合才能被称为“经济发展”，并能够通过垄断地位获取盈利。

2009 年，“现代管理学之父”彼得·德鲁克（Peter F. Drucker）指出，只要能够改变现有资源的财富生产潜力的一切事物都足以构成创新；创新是通过改变产品和服务来改变资源的产出，为客户提供价值和满意度。

从熊彼特和德鲁克对创新的定义可以得出：创新的本质就是通过生成要素资源的重新组合，获取市场的垄断地位，从而提升企业自身的核心竞争力；在微观层面实现企业垄断并瓜分市场的大部分利润，或实现企业自身价值的提升，在宏观层面为经济的增长和社会的发展提供动力源泉。

百度百科中的创新定义是，“创新”一词源于拉丁语，具有三层含义：更新、创造新事物和变革。创新是指利用现有的思维模式，提供与传统或普通人不同思想的见解，在特定环境中本着理想化需要或在满足社会需求的背景下，利用现有的知识和材料创造新事物、方法、元素、路径、环境等，并获得一定有益效果的行为。

创新是人类独特的能力，是人类主观能动性高智力的表现，是促进国家发展和社会进步的不竭动力和支撑。如果一个国家想要站在时代的前沿，那么一定不能没有创新思维，也根本不能阻止创新。创新对经济、技术、社会学和建筑领域的研究有极其重要的作用。

在“双创”的大背景下，国家积极倡导和推动创新，既包括从 0 到 1 的发明创造，也包括从 1 至 N 的改良改进。不是创造新事物或进行翻天覆地的变革才是创新，只要运用现有的知识或技术解决问题，或修正现有的产品和事物，甚至用新的科学方法处理日常工作、生活和学习等也属于创新。因此创新是一种态度，创新程度与我们的创新能力成正比。

二、创新与创造

“创造”一词是对创意活动的综合概括，在《现代汉语词典》里，创造被定义为“思考出新方法、建立新理论、创造新成就或新事物”。

创造是人们应用已知信息制造具有社会价值或个人价值的新事物和独特事物的过程。它是一种“破旧立新”，打破世界上现存的精神和物质的活动。作为创造的结果，可以是新概念、新理论或新技术、新工艺或新产品。它的特点是新颖、独特，具有一定的社会价值或个人价值。

从一般意义来说，创造强调新颖性和独特性，而创新则强调创造的具体实现。创新与创造有以下几个方面的区别：

第一，创新比较强调结果，创造更加强调过程。如某个人创造了一种具有创新价值的新方法。

第二，在程度上，创造强调“首创”“第一”“从零开始”“破旧立新”，主要是指自身的新颖性，不一定要有比较对象；创新是基于现有的概念、思想和实践等基础之上，重点是“由旧到新”，强调与原始事物的比较。因此，在某种程度上，创新可以被视为创造的目的和结果。比如，黑白电视的发明可以被视为一个创造成果的诞生，因为在此之前一直都没有电视，黑白电视的出现打破了现状。而彩电的出现就是一项创新，因为它是基于黑白电视，结合现有的科学理论和技术，创造出一种全新的产品。再如，蒸汽机的出现是一种创造，对其他行业的应用就是创新。

第三，在思维过程中，创造应是独一无二的，其思想始终站在新思想的最前沿；创新则是基于已经创建的现有概念、想法和实践，并结合了其他的原始想法应用到现有的思维活动中。

第四，在范围方面，创造一般指的是知识、概念、理论和艺术等，创新则多是指技术、方法和产品等。

第五，在目的方面，创造着重的是科学性和探索性，创新更重视经济性和社会性。

三、创新意识

百度百科对创新意识的定义，是指人们重视创新和其价值、重要性的理解水平、理解程度形成的创新态度，并采用这种态度调节和调整自我活动方向的稳定心理状态。创新意识是人们根据社会和个人生活发展的需要，引起创造前所未有的事物或想法的动机，在创造活动中所表达的意图、愿望和想法，是人类意识活动的积极而富有成效的体现，是人们开展创造性活动的起点和内在动力，是创造性思维和创造力的先决条件。

创新意识，是创新活动的出发点和前提。对创新者而言，创新意识是一种生活态度，创新需要平时大量的积累，除了在工作中收集整理创新元素以外，还要注意不同消费者的最新爱好和偏好、新的游戏玩法、设计领域的新时尚等。甚至拥有自己保存文章和图像的创新文档库，既可以随时查看，又可以在创新过程中随时调用。

1. 创新意识就是问题意识

问题意识是创新意识的起点。强化问题意识是培养创新意识的出发点及有效途径，培养创新人才的关键之一是培养问题意识。爱因斯坦说过："提出一个问题往往比发现一个新的问题更重要，因为解决问题只是一种数学或实验技能。而提出一个问题、一种新的可能性，是从一个新的角度思考问题，需要有创造性的想象力。"发现问题和提出问题在科学发展中发挥了关键作用，俗话说，"科学创造始于问题"。

在传统教育的影响下，我国学生常常表现为不敢提问，也不善于提问。因此，目前的教育应该重在提高学生的学习积极性。在学习过程中，注意培养学生善于发现问题、提出问题、分析问题以及提升解决问题的能力。教师应改变传统的教学观念和教学模式，引导学生主动思考问题，使学生对学习产生兴趣，让学生爱上学习、主动学习，让问题意识贯穿整个学习过程。

2. 创新意识就是求真、求实意识

创新意识是一种求真、求实的意识。要使创造性活动的结果有价值，重要的是使创造性活动的发展符合客观规律。寻找事物的客观规律，按规律办事，就是求真求实的过程。创新离不开求真求实，反过来，求真求实本身又是不断创新的过程。

创新一旦离开了客观现实，就变得不真实和徒劳无功。比如，自18世纪以来，许多国家就已经宣称不接受有关永动机设计方案的专利审查申请，但迄今为止仍有人对此执迷不悟，妄想制造出这样的机器。然而，这些富有"创意"的永动机设计直到今天也没有一例是成功的，原因在于其违背了能量守恒定律和自然界基本规律，这些想发明永动机的"发明家"们所做的努力都是徒劳的，而且还造成了人力、物力和财力的浪费。显然，这样的"创造发明"是不值得提倡的。

四、创新的来源

日本著名实业家和哲学家稻盛和夫说："一个富有创新精神、热爱工作的人，即使扫地也能扫得与别人不一样。"因此，我们可以把创新机制引入我们的任何一项工作中，让工作变得不再是单调地重复同样的事情。那么，我们应该如何创新？创新来自哪里？“现代管理学之父”彼得·德鲁克提出了七个创新来源，如果我们能经常梳理这七个来源并运用到工作和生活中，从不同视角去看待问题，将有不一样的收获。

1. 意料之外的事件

20 世纪 80 年代初，美国两家著名的连锁百货公司梅西百货和布鲁明戴尔百货，在对待电器销售量突增事件时所持的两种处理态度造成了两种销售业绩。梅西百货千方百计地打压电器销售，而其竞争对手布鲁明戴尔百货却把最好的资源安排给电器销售，由于当时美国经济蓬勃发展，人们有了较强的购买力后更愿意购买电器、房产之类的消费品，因此更多的人喜欢到布鲁明戴尔百货消费，并为其后来的发展创造了新的条件。

对于意外的成功、失败或者外部事件的发生，人们应当提前做好计划，用创新的眼光看待突发事件、关注事故，发现其背后的价值。意外的成功可以提供更多的创新机会，它所带来的风险是最小的，并且创业者的付出相对不那么艰辛。但它往往需要管理层有足够的决心、具体的政策、面对现实的意愿以及承认所犯的错误等，所以它往往遭抵触或难以被接受。因此，当遇到意外失败事件时应当转换思维，从另一个角度思考失败，把不利的情况变成新的机会。

2. 不协调的事件

不协调是指在常规情况下现实与假设之间的差异。不协调事件是指客观现实状况与主观推测状况之间的差异，这种事情是显而易见的，但人们却常常忽视它。不协调事件的出现通常是创新的标志。不协调事件包括：不协调的经济条件、现实与假设之间的不一致、感知和实际客户价值与期望之间的不一致，以及内部节奏或逻辑不一致。不协调的创新往往受到这些情况的迫使，必须要做。

20 世纪 50 年代之前，人们普遍认为海运发展缓慢，除了装卸太费时和人力因素外，还有治安管理等问题，导致航海货运的成本居高不下。当集装箱被推广使用了 30 年后，轮船的货运量上升了 5 倍、总成本下降了 60%，海运业也得到蓬勃的发展，让全球的贸易顺畅了很多。正是因为集装箱的创新发明解决了海运业的不协调状况，使其得到了新的发展。

3. 基于程序需要的创新

程序需要的创新是指寻找当前流程环节中薄弱或缺失的环节，这种需要是具体的、清晰的、明显的，往往会有更好的方法和更适合的使用者。程序需要的创新与其他创新的来源不同，是基于某项工作或任务，是为了完善某一任务中已有的程序，用创新的方法改造这一程序，替换其薄弱环节并制定一个完整的新程序。

电话是由英国的发明家贝尔发明的，电话在使用的初期要靠人工转换。贝尔实验室的一个工作人员按照电话发展程度进行测算，发现在不久的将来需要美国所有的工作女性做话务员才能应付电话的发展需求。电话需人工转换这一程序随着电话被越来越多的人使用已超出现实状况。鉴于此情况，贝尔实验室研制了一种取代话务员工作的自动交换机，自动交换机的发明即是电话发展到一定程度的需要，也是研究趋势的需要。

4. 行业或市场结构的变化

行业或市场结构的变化类似于计划要求的创新。不同之处在于，前者来自工业发展过程，是由客户需求变化引起的。如果行业出现了快速的增长、技术出现了趋同现象、业务销售状况发生快速的下降等，都表明行业或市场结构将发生改变。行业或市场结构一旦发生改变，如果企业还沿用以前的方式而不进行创新，那么将会给自己带来灾难性的伤害，严重的甚至会被淘汰。

福特的 T 型车造就了民用汽车时代。一开始人们都不认为汽车能普及，认为那是富豪或大企业专用的商品。但福特公司敏锐地观察到老百姓有购买汽车的欲望、很想拥有自己的汽车。因此，福特公司根据市场结构调整方向，生产了 T 型车。福特的 T 型车非常出色，而且它当时的售价是普通汽车的 1/5，福特此举倾覆了当时的汽车市场，让平民也买得起汽车。这是市场结构调整引起的创新契机。

5. 人口统计特性的创新

人口统计特性的创新通常是指通过对人口的数量、规模、年龄结构、人口构成及就业情况、受教育程度、工资收入等情况展开分析，从而总结和预测未来市场趋势或相应结果，以便寻找创新点，开展创新活动。

据有关资料显示，中国已进入人口老龄化阶段。到2040年，中国60岁以上的老年人将达到4.37亿人，约占总人数的1/3。老龄化社会为企业带来了许多创新机会，如服务老年机构、老年人电器、老年人康复设施等，但中国老年人产业链仍然不繁荣。日本的老龄化社会比中国出现得早。日本大部分学生用品都很便宜，但书包售价昂贵，因为在日本有个习俗，只有书包是爷爷奶奶给买的。日本最富有的是老人，因此企业家专门为老人设计了功能超级强大的书包，能当游泳圈、地震时还能抗压等，卖到上万日元。这就是人口结构变化所引起的创新产业。

6. 认知变化

认知变化需要关注整个社会的思想，主流社会思潮的趋势将影响人们的生活。无论人们的认知产生改变的原因是什么，都是创新的机会。要在利用认知变化、观念转变的过程中达到创新目的，就应从小规模、具体化、专业化开始，并且不能操之过急，还要透过事物表象看到其本质。

随着中国经济的发展和社会的进步，人们近几十年的认知有了翻天覆地的变化，以前由于连温饱问题都没法解决，所以生病只能去找“赤脚”医生。随着我国经济的迅速发展，医疗技术水平也得到快速提升，对疾病的种类及起因也开展了深入研究，人们越来越关注健康，因此保健行业、脐带血行业、干细胞等新生产业也随之诞生。认知观念的改变将为创新带来商机。

7. 企业和产业之外的新知识

对于所有创新来源，新知识需要的时间最长，而且具有不可预测、成本高昂及难以管理等特点。由于单一新知识的创新通常都会失败，因此人们需要多个领域的新知识和技术在共同取得新突破时，才能让该项新知识发挥其创新作用。互联网的发明就属于新知识，随着时代的变迁，互联网的发展得到不断的突破，从互联网到移动互联网，再到人工智能，步步向前不断革新。

早在 1930 年，就已经成功发明了喷气发动机。然而在 28 年后的 1958 年，波音 707 才研制成功并被广泛应用于商业航空。因为新飞机的发明不能单靠发动机的投入使用，还需要融合新材料、航空燃料和空气动力学等多方面的知识。

在七个创新来源之间边界往往不明确，人们需要进行系统地创新，建议每 6 个月就用七个创新来源审视一下内部和外部情况，检查并寻找创新的机会。

五、创新的原则

1. 对机遇的分析和来源需进行理性和感性思考

理性和感性的思考都是强调对机遇的分析和思考。面对创新机遇需要开展深入、全面的思考，然后再做出决断，既不要随声附和、拾人牙慧，也不能轻率行动。处理机遇的创新活动应首先进行深入的调查和分析，通过进行理性和感性的思考对其作出准确判断，以抓住机遇。

2. 一次最好只做一件事

专注是创新的保证，注意力分散往往难以成功，这也是保持创新实践的原则。德鲁克说：“如果不够简单，就无法操作。如果太复杂，就很难纠正。”

3. 有效的创新始于细微之处

如果创新的目标在开始时被设定得太高，通常就很难实现并且会失败。应从微小方面着手，并且要在特定的区域瞄准领导位置慢慢地迈向成功，再对传统展开颠覆性活动。

第三节　锻炼大学生创新思维

周恩来一生致力于革命事业及国家经济建设，并全心全意为人民服务，他的人格受到全世界各国人民的尊重。

中华人民共和国成立后，周恩来担任总理并兼外交部部长长达 9 年，为我国的外交事业做出了卓越贡献。他是中国历史上最成功的外交官之一。由于工作需要，他常常出国访问并参加重要会议，经常会见外国记者。在中华人民共和国成立之初，中国在世界舞台上的地位并不像现在这样稳固，而且不可避免地会受到各界人士的质疑。周恩来总理常被外国记者羞辱和嘲笑。然而，他凭借博学多识和很强的语言能力屡次让外国记者哑口无言。

有一次，一名外国记者问周恩来总理："请问，中国人民银行有多少资金？"周恩来总理听后立刻意识到这名记者的恶意，对方想通过这个问题让他在会场上丢脸，并嘲笑中国。面对这样刁难的问题，我们的周恩来总理是怎样回答的呢？

周恩来总理当时微笑着说："中国人民银行的货币资金有 18 元 8 角 8 分。"语毕，参会人员都感到很困惑，总理又向大家解释说："中国人民银行发行面额为 10 元、5 元、2 元、1 元、5 角、2 角、1 角、5 分、2 分、1 分的 10 种主辅币，合计为 18 元 8 角 8 分。"话音刚落，在场与会人员立即给予热烈的掌声。总理故意回避问题的本质，用"总面额"取代"总金额"，不但回应了外国记者的问题，而且没有损坏会场的和谐气氛。这种风趣、幽默、敏锐的语言表述，充分展现了他高超的应变能力和非凡的语言艺术。

一、什么是创新思维

百度百科对"创新思维"的定义是，用新的方法解决问题的思考过程。通过这种思维方式，我们可以突破传统思维的界限，以超常规甚至非传统的方式思考问题，并提出不同的解决方案，从而产生新颖、独特，具有社会意义的思想。

创新思维是指思考或发现处理某事物或表达某事物的新方式的过程，也称创造性思维，是相对传统思维而言的。思维能力决定了一个人能力的高低，而创新能力的核心是创新思维能力，这就是钱颖一教授提出的“怎么想”。这里的想法实际上是创新过程和思维过程，这样的过程也就是指如何将思维转化为行动和结果。众所周知，一件事要想取得好结果，首先这个想法要是正确的，正确的想法对正确的结果起决定性作用。因此，创新思维能力是创新能力的核心。

在前一个案例中，周恩来总理对“中国人民银行有多少资金”的回答即运用了创新思维。按照常规思维答案可能是“没有多少钱”或者“无可奉告”，然而这些答案都不能得到理想的效果。周恩来总理的创新回答，既巧妙地规避了问题实质，又没有破坏会场气氛，取得了超常规的效果。从中可以得出，创新思维是建立在传统思维的基础上的，但它又是最全面、最有价值的先进的思维活动形式，是人类对事物本质的探索，是获取新知识和新能力的有效手段。德国物理学家普朗克曾说，创新思维可以形成一座桥梁，让我们引领新知识。

创新思维作为一种思维活动，既有一般思维的共同特征，又有与众不同的特征，具体表现为求异性、联想性、发散性、综合性、逆向性、独创性、灵活性。

二、阻碍创新思维的枷锁

按字面理解，思维的“思”即思考“维”是方向，“思维”即人们在思考问题时的方向。人脑是以一定的顺序思考的，随着时间的推移，它将成为一种难以超越的固定模式，从而成为创新思维的障碍和束缚，主要表现为思维定式。

心理学研究表明，当人们思考和处理某些问题取得成功后，将形成固定的思考模式，随着成功次数的增加，这种思维就会变得越来越坚定，并形成一种固定的思维方式。惯性和固定的想法不容易改变，失败也是如此。一旦形成这种思维惯性和定式思维，就会减少采用创新思想的可能性。这种习惯于思考和处理一些惯性和定式思维问题的现象也是一种心态，而消极心态则是束缚创造性思维的枷锁。

1. 思维定式的特点

一是思维模式，即思维过程和模式所体现的各种思维内容，虽然与具体内容有关，但并不是指具体内容，而是许多具体的思维活动逐渐定型成的路线、方式、程序、模式。

二是强大的惯性或不妥协，不仅逐渐成为思维习惯，甚至深入潜意识，成为一种无意识的、本能的反应，特别是心态很难改变。首先，我们需要有一个清醒的认识并有意识地进行；其次，我们必须有勇气和决心。思维受习惯的影响很深，人们的世界观、生活环境和知识背景将影响对事物的态度和思考方式，生活中的很多经验总是影响其思维的方向。因此，生活经验是重要的影响因素。

2. 思维定式的作用

思维定式的积极作用，对问题的解决起着极其重要的意义。当遇到问题时会联想起以往相似的情况，掌握新旧问题的共同特征，把已有的知识、经验与当前的情境连接起来，利用已有的知识和经验处理新问题，或将新问题转化为已解决的熟悉问题，从而为新问题提供积极解决方案的心理准备。

思维定式的负面作用反映在影响着人们的思考，使大脑产生防御性，形成一种呆板、机械、一成不变解决问题的习惯。当新旧问题在表象上相似时，这种思维定式往往会使问题解决者陷入误区。大量的事例表明，思维定式确实对解决问题产生了很大的消极影响。当产生问题的条件发生质的变化时，思维定式会使问题解决者故步自封，难以进行深入思考，做出新的决策，甚至导致知识和经验的负面转移。

从思维过程中大脑皮层活动的角度来看，定式的影响是习惯性的神经联系，即第一次的思维活动对第二次的思维活动具有一定的引导性作用。因此，当两次思维活动属于同一性质时，前次的思维活动将对后续思维活动起到正确的引导作用；当两次思维活动具有不同性质时，前次的思维活动会在后续思维活动中起错误的引导作用。

3. 常见的定式思维

心理图式、拒绝变化、惯性思维、群体思维、线性思维及习惯思维。

三、开展创新思维的策略

创新思维的三要素是知识、好奇心和想象力、价值取向。根据三要素得出创新思维的公式：创新思维 = 知识 × 好奇心和想象力 × 价值取向。

（一）知识的积累

知识的积累和拓宽视野是创新思维的重要条件。改变世界的知识通常指的是科学领域的专业知识，然而大多数人在跨学科知识、跨领域知识和跨界知识方面较为薄弱。知识在创新思维中的积累需要多学科的交叉和整合。

1. 知识积累是创新思维的必要条件

知识是人类认识和改变世界的基础能力。创新思维源于问题意识，解决问题除了需要方法还需要知识，特别是跨学科和跨领域的知识。只有知识面越广，看问题的角度才会越多和越独特，创新思维才会越活跃。因此，知识的积累能有效地促进大脑思维的迅速发展，进而促进人们更好地开展创新实践活动。

在 19 世纪初，无产阶级导师马克思和恩格斯通过阅读英国的欧文和法国学者圣西门、傅立叶的读物，发现这些理论暴露和批判了资本主义制度的本质，并提出了各种形式的社会主义建议，但是存在着导致他们的学说成为“乌托邦”的重大缺陷。在对这些学说和缺陷进行深入研究后，马克思、恩格斯提出从空想社会主义变成科学社会主义等一系列问题，这些问题为社会主义实战奠定了基础。可以说，科学社会主义作为马克思主义理论体系的核心是在“乌托邦”等空想社会主义的“树尖”上成长起来的，因此理论知识体系的构建支撑着人们开展创新思维活动。

2. 知识积累为创新思维提供支持

实施创新思维的过程是提出问题、分析问题和解决问题的过程。创新思维需要打破思维定式，需要放弃过时的知识理论、系统、框架等。人们只有掌握各种思维方法，获得新的思维内容，思维能力才能不断提高。阅读是积累知识最直接的方式，知识的积累是培养、训练和提高创新思维能力的有效手段。知识的积累可以为提出问题提供丰富的视角，并提供分析问题和解决问题的材料和方法等支持。

分析问题是分解问题对象，通过事物的现象找到其本质和联系，需要在各种知识、信息及经验基础上进行，这些都需要人们在日常生活学习中进行积累。创新的主体拥有的知识理论和信息越多、经验越丰富，思维内容就越广泛。这有利于问题的有效和正确分析，从而达到更好地解决问题的目的。在此值得注意的是，知识积累与创新思维不存在谁先谁后的问题，它们之间是相互影响、相互作用的。

在当今信息日新月异的社会中，知识的更新时间很短，创新思维的方法迭代也很快，所以需要我们拥有大量的知识积累，为开展创新思维实践提供各种科学的方法和知识。

3. 知识积累是灵感和直觉产生的前提和基础

创新思维离不开灵感和直觉。富克斯曾经说：“伟大的发现不是通过逻辑规则发现的，而是所有人都猜到的。换句话说，它们主要基于创造性的直觉。”直觉又称直观感觉，如数学直觉思维，是人脑对数字与其结构之间的关系作出快速判断和敏锐想象。直觉思维的特点是缺乏确定性步骤，倾向基于对整个问题的理解开展思考因此，尽管人们暂时无法获得解决方案，但也可以先得到答案。正是这样，人们才能以一种快速超越知识并消除个人细节的方式直观地思考。高度的直觉来自丰富的知识和经验积累，它不仅是个别天才所特有的，而且是人类的基本思维方式。

灵感属于突发性的创造活动，是直觉思维的表现方式，一旦触发，它就会被催化，使感性认识升华为理性认识。灵感可以突破人类的传统思维，开辟人类创造性思维活动的新境界，灵感和直觉的想象在古往今来产生了无数的伟大杰作。

（二）放飞好奇心和想象力

好奇心是人们主动认识世界和开展创新思维活动的内在动力，是人们学习动机的重要源泉，也是创造性人才的重要特征。好奇心是人们主动学习的内在动机之一，是个人寻求知识的动机，是创造人才的重要特征，以及人类发现和发明的原始动力。想象力是指基于现有形象在头脑中创建新形象的能力。爱因斯坦曾经说："想象力比知识更重要，因为知识仅限于我们已经知道和理解的东西，而想象力涵盖了整个世界，包括那些将为人们所知和理解的东西。"正是爱因斯坦自己的想象力，改变了我们对世界的理解。

16 世纪的某一天，一个英国年轻人坐在花园里的苹果树下仰望天空，思考着月球为什么会绕地球有规律地运行。这时，一颗熟透的苹果从树上落下，掉到了他的头上。他拿起苹果再次冥想：苹果为什么不掉到旁边，不是天空，而是垂直落在地上？所有的物体都是这样吗？为什么月亮在地球周围转动？是因为某种力量吗？在这个晚上，这个年轻人发现了万有引力。他就是英国科学家牛顿，当年他才 24 岁。几个世纪以来这则故事一直被人们讨论，已经成为科学想象力的极好证明。

（三）树立正确的价值取向

创新动机的短期功利主义、长期功利主义和内在价值的非功利主义三个层面代表着三类价值观，后者的追求高于前者。

价值取向是指特定主体基于自己的价值观在面临或处理各种矛盾、冲突、关系时，所持有的基本价值立场、价值态度与表现出来的价值倾向，并直接决定和支配着主体的价值选择。在不同的社会环境和经济环境等因素的影响下，每个人的价值观都不一样，而且自身价值观所反映的价值取向也不尽相同。在众多的价值取向中，有些人在价值取向上存在着相似的特征，如见利忘义、急功近利、个人利益至高、实用主义等，我们将其归结为功利主义价值取向。功利主义的价值取向是个人将自己的利益视为自己行为的出发点和终极目标，并将外部事物、言行是否对自己有利看作衡量评价对象善恶的价值标准。

我们现在处于一个更渴望获得快速成功和利益的社会，并在短期功利主义的价值取向中占主导地位，这不利于创新思维活动的开展。短期功利主义者创新是为了追求眼前利益，如发论文、申请专利、公司上市；长期功利主义者对创新有更高的追求，如为了填补某个领域的空白，争国内第一、创世界一流；而内在价值的非功利主义者对创新的追求最高，如追求真理、改变世界，让人变得更加幸福。

我们的现实是，大部分人的动机属于第一类动机，少数人的动机属于第二类，只有极少数人属于第三类动机，而且往往是屈指可数。当今社会为什么缺乏创新型人才？大部分人不但缺乏好奇心和想象力，而且在价值取向上过于在意自身利益，以致过于功利。急于求成的心态，“成者为王、败者为寇”的价值观致使产生很多抄袭和复制的不良现象，为数不多的真正的创新也因此很难进行颠覆性创新和革命性创新。

第四节　提高大学生创新能力

把九个围棋子摆成一个正方形，可以用几笔完成首尾相连？要求：当笔落下去后就不能再提起来从另一个地方开始，而且要求是直线，不能画成曲线。

图3－3和图3－4是常规画法，由于大多数人脑中的印象是不能超出这九个围旗子围成的正方形边框，因此按照这样的思维模式是无法画出四笔甚至三笔连接的。定式思维决定了人们的行为，这种看问题、想问题的习惯方法往往会锁住我们的思考和判断，创新思维就要求我们打破这个套路。图3－5、图3－6分别是四笔和三笔连接九子的画法。图3－5是美国创造学会会标，该画法的关键点是以直线绘制方形边界，这种思维模式被称为“越界思维”，是一种非常重要的创新思维方式。由九子图游戏可以知道创新思维的重要性，通过培训可以提高创新思维水平、开拓创新能力。创新能力是民族进步的灵魂、经济竞争的核心，对个人学习和成长具有重要意义。

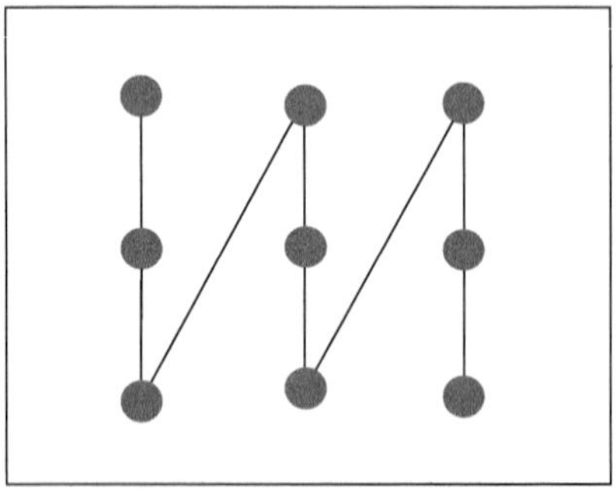

图 3－3　九子六笔连接法

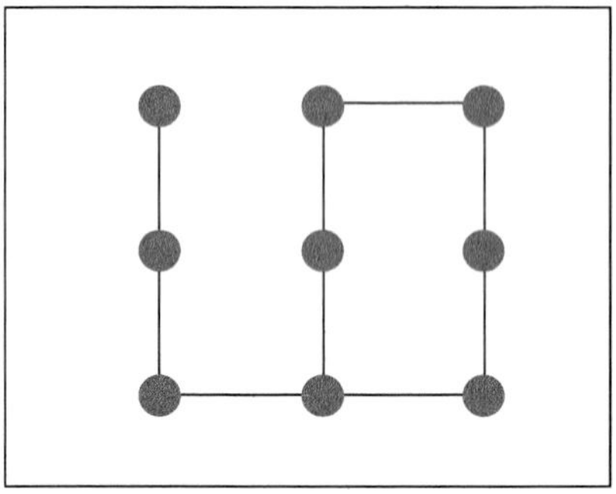

图 3－4　九子五笔连接法

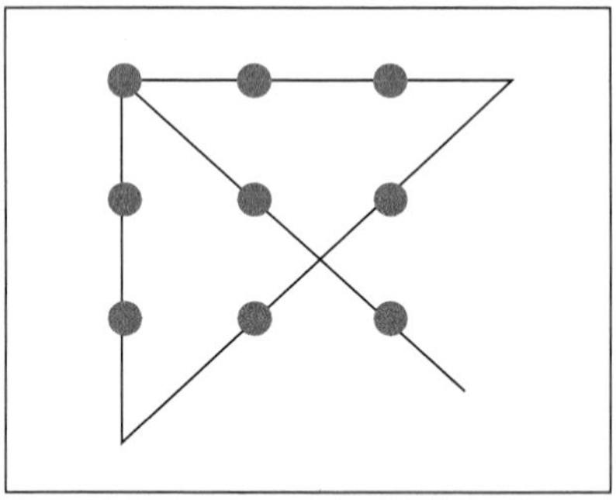

图 3－5　九子四笔连接法

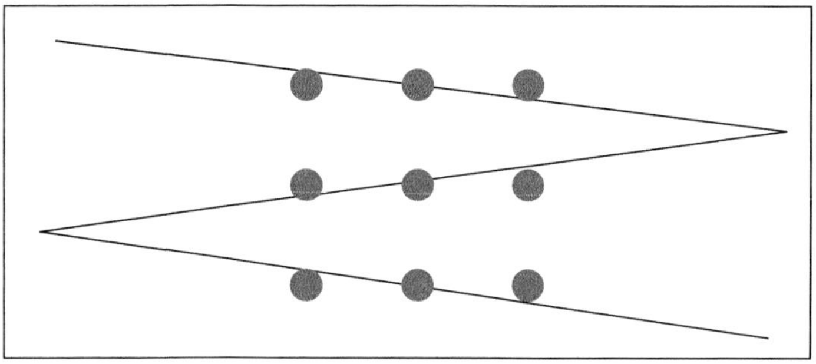

图3－6　九子三笔连接法

一、创新能力的构成

创新能力亦称为“创造力”，特指创造者进行创新活动的能力，也就是产生新的想法和新的事物或新理论的能力。

1. 创造力公式

创造力＝智力＋创造性

2. 创造性公式

创造性＝创新精神＋创新思维＋创新的方法

创造性是创造力的充分条件，创造性是创造力的核心。

二、提升创新能力

现在的科学技术与日俱进，随着互联网盛行、世界各国间距离的缩短、外国思想的传入及中国经济的高速发展，当代大学生面临的问题及种种压力日益呈现，其思想和行为活动也出现了巨大的波动和分化。如何让大学生在社会变革中不被淘汰并不断发展和进步，关键是要提高大学生的创新素质、能力及提升核心竞争力。因此，提升大学生的创新能力成为高校创新创业教育的培养目标，是高校教育工作者研究的新课题。

（一）积累知识提升智力水平

智力是创造力的基础和必要条件。当人们想改变世界时，必须先了解世界。因此，成功的创新者必须拥有大量的相关知识和技能。当然，这里指的知识不单单是书本知识，不仅是前文提到的跨学科、跨领域的知识，还包括实践中的经验积累。

1967 年，美国心理学家吉尔福德提出了一种基于创造力的详细因素分析的“三维智力结构模型”。人类的三个维度及其各种因素包括：第一，智力的内容，包括图形、符号、语义和行为；第二，智力的操作，包括认知、记忆、发散思维、聚敛思维和评价；第三，智力的产物，包括单元、类别、关系、系统、转换和蕴含。由这 4 个内容、5 个操作和 6 个产物可组合成 120 种独立的智力因素。经过两次修改和补充，最后得到了具有 180 个因子的“三维智力结构模型”。

（二）树立创新意识

1. 培养浓厚的科学兴趣

探索和实验是培养科学兴趣的重要手段，好奇心和想象力是产生兴趣的重要因素。首先，要引导大学生产生科学兴趣，激发其创新意识，维持兴趣的持久性，锻炼意志力和坚韧的心智。其次，培养大学生浓厚的科学兴趣，可以更好地激发他们学习科学文化知识、提高自身文化素养。最后，科学创新需要良好的心理素质，其形成过程为：产生兴趣—学习知识—开展活动或研究—失败—再次学习并寻找问题—解决问题—再次开展相关活动或研究—成功，如果再次失败就再次重复学习等过程，直到成功为止。开展科学兴趣的活动能让一个人不断经历失败，可以很好地锻炼其心理素质。

2. 克服胆怯心理

在创新实践中会经常遇到失败，需要用正确的心态及勇气应对挫折和失败，这就需要我们克服胆怯的心理，正确认识创新活动的性质，深入了解创新活动的内容和情况，客观地估算创新活动的困难程度。首先，对创新活动的期望值不要过高，否则一旦失败就会丧失再次创新的勇气。其次，对创新活动的期望值不能过低，否则无法踏出创新的第一步。总之，创新活动应以正确的态度来对待，既不陷入盲目创新，也不畏惧创新。

3. 培养怀疑批判精神

惯性思维、定式思维、传统观念、固有的认知都存在于人们的潜意识中，人们的潜意识常常被无意识控制。因此，我们对待事物时要勇于打破这些不容易察觉的顽固心智模式，善于以严谨的态度、审视的眼光观察问题，并持以怀疑的精神、批判的思维对待事物或前人留下的认知，对认为不正确的观点进行反复思考并勇于提出修正意见，才不会被心智枷锁束缚，才能用新的眼光观察世界、发现问题，创造、发明新的事物。

4. 积极参与创新实践活动

学校是培养人才的重要基地，学生除了认真学习文化基础知识外，还要通过参加各种各样的实践活动提升自我综合素质。首先，结合自身专业知识，积极参加如移动互联网应用软件开发竞赛、银行业务综合技能竞赛、首饰设计师大赛等专业竞赛。其次，积极参加如“挑战杯”创新创业大赛、“互联网＋”大学生创新创业大赛、“中国创翼”创新创业大赛等创新创业大赛。最后，除了通过参加各类竞赛锻炼、提升个人能力外，还可以参加各类社会实践活动、社团活动等，在实践中加强创新意识、锻炼创新能力。

（三）掌握创新思维的方式及技法

有人说，20 世纪最伟大的发明既不是蒸汽机，也不是计算机，而是创新思维方法。通过创新思维方法，人们就可以找到事物中的问题，找到解决问题的方法，并将创新思维方法运用到各行各业，以促进社会进步和发展。

1. 创新思维常用分析方法

（1）发散思维与聚敛思维。

发散思维和聚敛思维是美国心理学家吉尔福德在研究“三维智力结构

模型”时提出的。1969 年，吉尔福德在斯坦福大学的一次演讲中指出，这两种思维方法是培养人们创新思维的一种有效途径。美国科学哲学家托马斯·库恩针对常规研究和科学革命两种状态的不同特点，提出强调一方或否定一方的做法对科学研究是极为有害的，而是要在发散式思维与聚敛式思维之间保持一种“必要的张力”。

发散思维属于求异思维，是围绕某个问题向四周展开发散思考的思维方式，是从不同的方向、角度和层面思考问题，最后形成新的解决方案。发散思维具有流畅、灵活、独创和精致的特性，其具体形式的特征在于结构发散、材料发散、功能发散、方法发散和因果发散。

聚敛思维属于求同思维，是以某个问题为中心，尽可能地利用已知的知识和经验重新组合各种信息，并将思维从不同的角度和层次集中到这个中心点，从而解决问题。其具有统一性、程序性和比较性的特点。

发散思维和聚敛思维是辩证统一的关系，两者在创新活动中交替进行。发散思维属于“放”，能产生很多新的想法或创新成果，但其产生的很多设想不一定能被有效运用。而聚敛思维属于“收”，可以对发散思维产生的想法进行分类及挑选，并获得最佳解决方案。

（2）纵向思维和横向思维。

纵向思维是在一定的结构范围内，依照一定的次序及可预测的、程式化的方向进行的思维形式，遵循从低至高、从浅至深、从始至终等线索原则，是一种符合事物发展方向和人类认识习惯的逻辑思维方式。由于纵向思维具有可预测性，因此多应用于科学和实践中，如气象、地质灾害等领域的预测。

横向思维是法国心理学家爱德华·德·波诺教授针对纵向思维提出的，是指人们在思考时常常会突破问题的结构范围，打破逻辑局限，拓宽解决问题的思路，可以从多个点或角度切入寻找解决方案，是一种没有顺序可循、不能预测的开放式思维。在应用横向思维的过程中，首先要确定时间的范围，然后在这个范围内研究事物之间的各种关系，进行横向比较。在研究事物之间的关系时发现新的问题，并找到方法解决问题。

纵向思维和横向思维的区别是，前者是进行“深入分析”，也称历时性思维，侧重从事物的时间顺序分析现状、预测未来；后者指的是“全方位思考”，又称平行思维，注重寻找问题的方法，探寻、引发新的想法。

（3）正向思维和逆向思维。

正向思维属于逻辑思维，是人们根据传统习惯、经验和规律思考和分析问题，按事物的正常进程推测事物的发展，是一种根据已知到未知的时间顺序揭示事物本质的思维方法。

反向思维是针对正向思维而言的，是指对习以为常的、固化在人们脑中的观点或事物形态敢于反向思考，从事物的对立面思考问题，从问题的反方向进行深入思索的思维方法，也称求异思维。其具有普遍性、批判性和新颖性的特点，广泛应用于各种领域和活动，是人们日常工作、学习、生活中常用的一种思维方式。反向思维往往会挑战传统、破除常规习惯和经验，结果会让人出乎意料、焕然一新，让人们找到新方法、发现解决问题的新思路。

（4）多维思维。

多维思维又称立体思维、多路思维、全方位思维，是指跳出点、线、面的平面限制，从上下左右全方位、几何的立体层面考虑问题。通常需要运用与发挥两种或两种以上的思维方式或方法的协同互补功能，以获得创造性思维效果。根据其内在特征，分为层次性、多维性、联系性、系统性、整体性及动态性；根据其外在特征，分为个体性、鲜明性、具体性、全方位的开放性、联想的多极性、思维结果的可感触性。

比如，用多维思维看待共享单车行业。从生意维度来看，一小时 1 元钱的租金根本不赚钱。从数据维度来看，其掌控了年轻人的出行轨迹，甚至重新定义了地铁沿线房的距离，改变了房价走向。从金融维度来看，它是一种通过旅行衍生的金融投资产品。从产业维度来看，其整合了自行车制造业，智能科技业、三大通信运营商等“上游”，运营商平台和自行车维护供应商等“中游”，以及提供增值服务、大数据服务和广告投放服务的“下游”。

2. 创新思维常用工具

（1）试错法。

试错法是一种创新方法，人们试图使用各种方法或理论来逐步减少错误或不可行的解决方案的数量，最终找到正确解决问题的方法，是一种随机寻找解决方案的方法。试错法千百年来一直被人们广泛应用在发明创造上。发明家在发明创造时不断地尝试不同的方法、材质、设备或工艺来解决问题，一次次地失败、一次次地尝试，直到成功为止，每次的尝试都是一种试错的解决方法和思路。当解决很小的方案时，该方法具有明显的效果，一旦问题较复杂、解决方案过多时，其操作效率就比较低，解决问题的时间就相对较长，付出的代价就会更高。

（2）头脑风暴法。

头脑风暴法是由美国 BBDO 广告公司创始人奥斯本发明的，也称智力激励法。通常是由一群人组成小组，在融洽的气氛中以会议的形式开展集思广益的活动。在此过程中，小组成员通过联想和自由思考，充分表达意见，再由主持人带领小组成员开展整理、汇总、分析想法，最终形成有效的提案。开展头脑风暴活动时需要注意以下因素：

第一，追求数量。实施头脑风暴法的重点是想法的数量，无须太注重质量，甚至可以是天马行空、异想天开。因为过分强调质量，会很容易将时间和精力投入完善想法上，从而影响思路的开拓，甚至会导致小组成员消极情绪的产生。

第二，主持人必须控制现场。主持人的选定及角色扮演非常重要，需要掌控和协调整个头脑风暴活动，引导小组成员开拓新想法、发挥群体创造力，使活动达到最好的效果。首先，主持人在会议前要做好充分准备。不仅要熟悉活动的流程，还要充分了解并掌握本次讨论的主题及其本质，以便引导小组成员提出问题的方向并巧妙地让其想法回归主题。其次，要控制好气氛。不但要让小组成员一直处在轻松及热烈的氛围中畅所欲言，还要控制不让气氛偏离，要及时制止窃窃私语、哄堂大笑等情况。最后，要控制时间。时间通常控制在30分钟左右，以免因参与者过度疲劳而影响活动效果。

第三，成员构成。讨论小组通常由5～10个对议题有兴趣的、职位相当的人员组成，讨论的人太多或太少都会导致效果不佳。人数过多会让成员无法做到畅所欲言，人数过少不能较好地调动会议气氛。要安排主持人和记录员，记录员也可以用大画布和便利贴代替，首先在大画布上写上讨论的主题，然后让小组成员把想法写在便利贴上，这样不但便于参与者思考，而且便于想法的归类、汇总及分析。

（3）六顶帽子思考法。

六顶帽子思考法是由爱德华·德·波诺教授发明的，他用六种不同颜色的帽子意喻不同的颜色代表不同的角度和思考方向，见表3－1。

表3－1　六顶帽子思考法的代表内容

帽子的颜色	意喻的颜色	代表的角度	思考方向	具体做法
白色	白色或无色	中立、客观	对问题只做客观的陈述，不加以主观评论	客观陈述事实与问题
黄色	太阳的颜色	积极、正面	只说事物好的、有利的一面	评估该说法的优点
黑色	夜晚的颜色	谨慎、负面	从事物消极、有害的一面评论事物	列举该说法的缺点
红色	生气时脸的颜色	直觉、情感	凭直觉发表看法，不必过多考虑	对该方案进行直觉判断
绿色	青草的颜色	创意、思考	从新的、有创意的角度思考问题	提出解决问题的方案
蓝色	天空的颜色	冷静、归纳	全面看问题、掌控思维的过程和方向，要进行总结和归纳	总结陈述、做出决策

在讨论问题时，一般推荐帽子使用的顺序：白色—黄色—黑色—红色—绿色—蓝色，可以根据不同的内容对帽子的顺序做出不同的安排，一顶帽子可以重复多次使用，根据实际情况进行调整，直到找到满意的解决方案为止。

（4）形态分析法。

形态分析法是由瑞典科学家茨维基发明的，可以有效地解决试错法和头脑风暴法无法解决的、复杂的发明问题。形态分析法诞生于1943年，茨维基当时参加了美国的火箭研制团队，他把数学的排列组合原理运用在火箭的设计方案中，把火箭的主要部件的不同形态进行组合，在一周内得出了576种设计方案，这几乎涵盖了当时所有的火箭设计方案，包括美国中央情报局一直想要得到的德国正在研制的带脉冲发动机的F－1型和F－2型巡航导弹的设计方案。

形态分析法是一种从系统论的角度看待事物的创新思维方法，对寻找问题的解决方案所设定的限制很有效用，可以对解决方案的前景进行系统分析。在运用时要注意因素和形态两个概念：因素是指构成某个事物各种功能的特性因子；形态是指实现某个事物各种功能的技术手段。以离合器为例，因素是指传递动力的功能，形态是指摩擦力或电磁结合力等技术手段。具体实施步骤见表3－2。

表3－2　形态分析法实施步骤

步骤	内容	具体操作
1	确定研究课题	寻找研究的方向、主题
2	因素提取	明确发明对象的主要成分，把问题分解成3～7个基本组成部分
3	形态分析	列出发明对象的因素所要求功能的所有形态
4	编制形态表，进行形态组合	根据发明对象的总体功能要求，对各因素和形态方式进行组合
5	优选	从组合方案中选出最优、最合理的方案进行具体化

（5）和田十二法。

和田十二法又称和田创新法则，或和田创新十二法，是由中国学者许立言、张福奎在奥斯本稽核问题表的基础上，借用其基本原理加以创造后提出的思维技法，是创造性设想的“思路提示法”。它既是对奥斯本稽核问题表法的继承，又是大胆的创新。比如，其中的“联一联”“定一定”等，就是一种新发展。同时，这些技法更通俗易懂、简便易行，便于推广。

人们在观察、认识事物时，按照表3－3所示的12个“一”的顺序进行检查和思考，将从中获得启发，从而诱发出新的想法。

表3－3　和田十二法具体操作内容

序号	检核内容	具体内容
1	加一加	加高、加厚、加多、组合等
2	减一减	减轻、减少、省略等
3	扩一扩	放大、扩大、提高功效等
4	变一变	变形状、颜色、气味、音响、次序等
5	改一改	改缺点、改不便、不足之处
6	缩一缩	压缩、缩小、微型化
7	联一联	原因和结果有何联系，把某些东西联系起来
8	学一学	模仿形状、结构、方法，学习先进
9	代一代	用别的材料代替，用别的方法代替
10	搬一搬	移作他用
11	反一反	能否颠倒一下
12	定一定	定个界限、标准，能提高工作效率

（6）因果分析法。

因果分析法是一种以事物发展变化的因果关系为依据，抓住事物发展的主要矛盾与次要矛盾的相互关系，建立数学模型的方法。常用的工具有鱼刺图，也称鱼骨图，是使用简明文字和线条全面表述事物发生的原因与结果关系的图形，为因果分析图，形状像鱼刺。因为是由日本管理大师石川馨先生创建的，故又命名为“石川图”。操作时注重针对结果分析原因，先主后次，层层深入，具体步骤见表3－4。

表3－4　绘制鱼刺图步骤

序号	步骤	内容
1	确定分析问题	画出鱼骨的主干，箭头向右，问题写在箭头的右边
2	问题的因素分类	在鱼骨上下方画出大鱼骨，标上影响因素
3	因素分析	在大鱼骨上画出小鱼骨和细鱼骨，标上该影响因素的原因和结果，层层分析，直到所有因果关系都被列出为止

续表

序号	步骤	内容
4	确定主要原因	确定鱼刺图的主要原因，标上重点符号
5	命名	注明鱼刺图的名称

另一种常用的因果分析法为5W2H法，又叫七何分析法，是第二次世界大战期间由美国陆军创立的，实用性很强，被广泛应用于企业管理和技术开发领域，对实施活动时下决策及执行活动方案很有帮助，有助于弥补遗漏。

5W2H法是从时间（when）、人物（who）、地点（where）、为什么（why）、做什么（what）、怎么做（how）、做多少（how mach）角度出发，具体操作见表3-5。

表3-5　5W2H法的具体内容

序号	类别	内容
1	为什么（why）	为什么需要这样做？原因是什么？
2	做什么（what）	需要做什么？条件、目的、重点、功能、规范、要素是什么？
3	人物（who）	谁能做？谁最适合？谁不宜？谁做决策？漏了谁？
4	时间（when）	什么时候完成？什么时候完成最适宜？
5	地点（where）	在哪里做最合适？从哪里入手？
6	怎么做（how）	怎么做？如何实施效率最高？具体方案是怎样？
7	做多少（how much）	做到什么程度？数量如何？质量水平如何？费用产出如何？

（7）TRIZ创新方法。

TRIZ只是一个特殊的缩略语，实际含义是“发明解决理论”，近年来很受企业界和科技界的青睐。1946年，苏联军方技术人员、发明家根里奇·阿奇舒勒和他的同事们研究了来自世界各国的上百万个专利，他们发现了一个现象：发明家们用来求解问题的基本方法其实是有限的。他提取了40种常见的解决发明问题的方法，这就是TRIZ的40个发明原理，见表3-6。

表 3-6　TRIZ 的 40 个基本原理

序号	内容	序号	内容
1	分割原理	21	快速原理
2	抽取原理	22	变害为利原理
3	局部质量原理	23	反馈原理
4	非对称原理	24	中介原理
5	组合合并原理	25	自服务原理
6	多元性原理	26	复制原理
7	嵌套原理	27	替代原理
8	重量补偿原理	28	机械系统替代原理
9	预先反作用原理	29	压力原理
10	预先作用原理	30	柔化原理
11	预置防范原理	31	孔化原理
12	等势原理	32	色彩原理
13	反向作用原理	33	同化原理
14	曲线曲面化原理	34	自生自弃原理
15	动态原理	35	性能转换原理
16	部分超越原理	36	相变原理
17	多维运作原理	37	热膨胀原理
18	机械振动原理	38	逐级氧化原理
19	周期性动作原理	39	惰性环境原理
20	有效动作持续原理	40	复合材料原理

三、锻炼创新技能

当今社会的信息瞬息万变，科学技术迭代更新的速度越来越快，创新能力已成为人们适应社会的必要能力。创新需要拥有多种才能，包括学习能力、分析能力、解决问题能力、实践能力、组织协调能力、综合能力、想象能力、批判能力等。

四、培养大学生企业家精神

现代管理大师熊彼特说过："企业家所做的事情是创造性的破坏。"企业家虽然一直在摧毁现有的事情和市场，但他们的创造让世界变得更好。真正的企业家精神不但应用在企业，而且被政府、大学、医院、公益组织等机构应用，究其原因是企业家精神的核心是创新、创造。培养大学生拥有企业家精神，就意味着社会将不断地被颠覆现状、推陈出新更多制度或产品。

综观现有国内外的研究成果及国家对企业家精神的要求，总结得出企业家精神应由七个要素构成。第一，创新精神是企业家精神的核心、灵魂。只有敢于打破旧规则，不断创造、不断思考，做别人没有想到和做过的事情，在产品、管理和技术上取得新的突破，才能开拓新的市场，实现新的价值。第二，进取精神既是企业家精神的关键。进取精神既是促进国家发展和国家进步的不竭动力，也是支持企业成功的关键。第三，吃苦精神是企业家精神的本质。吃苦耐劳不但是中华民族的传统美德，更是我国企业家一贯的基本精神特征。第四，敬业精神是企业家精神的源泉、动力。企业家创新精神的动力来自事业心和责任心，也就是我们常说的敬业精神，是企业能否长青的源泉。第五，合作精神是企业家精神的精华。企业家的重大决策中通常都需要团体参与，不推崇个人主义，也不应把员工当成超人。相反，他们在努力成为具有强大"网络"意识和能力的"蜘蛛侠"。第六，冒险精神是企业家精神的天性。企业创新的风险是二进制，要么成功、要么失败，企业家只能一直往前冲，而且决不能后退。第七，诚信精神是企业家精神的基石。诚信是企业发展之基，企业家面对诚信问题决不能让步。当前我国已经迈向法制经济，政策、法规是企业家健康成长的后盾，企业家和消费者的诚实守信意识及行为构成了诚实守信的商业社会。

在国内外相关研究成果的基础上，本书总结分析了我国大学生的实际情况及特征，结合学生工作经验初步构建了大学生企业家精神教育评价指标体系的 7 个维度、7 个测项，见表 3－7。

表 3－7　大学生企业家精神教育评价指标体系

一级指标	二级指标	评价标准
创新精神	创新意识	推崇创新、追求创新和以创新为荣的观念及态度
	创新能力	求异、求新、求高效及不断进步的能力
	创新人格	以服务社会为己任、敬业爱岗、刻苦钻研、开拓进取、坚韧不拔的人生态度
	开拓性思维	从不同方向、不同角度，全方位、多层次地寻找解决问题答案的思维方式
	服务社会	基于服务社会角度开展创新精神
进取精神	处事决心	遇到事情不退缩，积极寻求解决方法
	处事魄力	处事从容、干练、从整体出发看问题
	自主学习	善于不断学习新知识和运用新技能
	自我发展	制定个人的发展目标，并为之努力奋斗
吃苦精神	吃苦耐劳	做事勤恳、刻苦学习，能承受艰苦的生活，经得起劳累
	踏实肯干	做事认真不浮夸，能奋发向上
	勤劳俭朴	勤奋工作、节俭朴素
敬业精神	职业理想	树立明确的职业理想和设定岗位目标
	职业道德	有良好的职业习惯意识
	职业技能	就业所需的技术和能力
合作精神	团队意识	相互尊重、信任，协调配合、有效合作
	乐于分享	团队成员间乐于共享知识、信息，愿意与人分享和交流
	奉献意识	不计较个人得失，乐于帮助他人
冒险精神	风险倾向	遇事时对风险回避与风险寻求的抉择
	风险承担	大胆尝试新事物，敢于承担风险
诚信精神	学习诚信	不迟到、旷课，不抄袭作业、考试不作弊、论文不剽窃
	经济诚信	按时交学费、还借款，不弄虚作假骗取困难资助
	生活诚信	以诚待人、遵守宿舍管理规定、用正常手段获得竞选或比赛资格等
	择业诚信	简历、证书、就业合同真实，通过正当竞争进行择业

高校在实施企业家精神教学过程中，要注意考虑教育对象的性格、性别、家庭环境、家长受教育程度等特征。企业家精神教育评价指标体系的

构建将会有效地推动大学生创新能力及综合素质的提升。

参考文献：

[1] 彼得·德鲁克．创新与企业家精神[M]．蔡文燕，译．北京：机械工业出版社，2009.

[2] 钱颖一．批判性思维与创造性思维教育：理念与实践[J]．清华大学教育研究，2018，39(4)：1－16.

[3] 孟雷．当代我国大学生功利主义价值取向问题研究[D]．沈阳：沈阳师范大学，2017.

[4] 胡飞雪．创新思维训练与方法[M]．北京：机械工业出版社，2009.

[5] 赵树峰．两种科学思维方式的"必要张力"：从库恩"思维类型论"谈起[J]．广西大学学报（哲学社会科学版），1997(2)：16－19.

[6] 王竹立．你没听过的创新思维课[M]．北京：电子工业出版社，2015.

[7] ZACHARAKIS，NECK，BYGRAVE，COX. Global entrepreneurship monitor：national entrepreneurship assessment [EB/OL]．[2004－03－17]. http://www. entreworld. com.

[8] 肖龙海．创业教育的价值取向及实践路径：兼论企业家精神教育[J]．教育研究，2011(3)：69－72.

[9] 张莉鑫．日本高校创业教育及企业家精神培养的分析与借鉴[J]．北京教育，2015(11)：7－9.

[10] 吴楠，张季芳，石秀杰．提升大学生就业竞争力视角下的高校企业家精神教育研究[J]．中国成人教育，2013(4)：65－68.

[11] 邢源源，陶怡然，李广宇．威廉·鲍莫尔对企业家精神研究的贡献[J]．经济学动态，2017(5)：151－158.

[12] 蔡丹，李军红，王美艳．高校创业教育的研究与探索[J]．经济师，2006(1)：95－96.

[13] LUMPKIN G T，DESS G G. Clarifying the entrepreneurial orientation

construction and linking if to performance[J]. Academy of Management Review, 1996,21(1):135 - 173.

[14] 张玉利,杨俊. 国外企业家精神教育及其对我们的启示[J]. 中国地质大学学报,2004(8):22 - 27.

[15] 刘新绍. 从企业家精神视角谈经管类大学生的创业教育途径[J]. 中国成人教育,2016(23):76 - 79.

[16] 刘晓阳,李建民,杨阳,等. 以企业家精神引导地方高校创新型创业人才培养体系研究[J]. 科技管理研究,2012(12):89 - 92.

[17] 何芹. 大学生诚信评价指标体系及评价模型构建[J]. 研究与创新,2008(9):29 - 31.

[18] BRUSH C G, DUHAIME I M, BARTNER W B, STEWART A,KATZ J A, HITTM A, ALVAREZ S A, MEYER G D and VERKATARAMAN S. Doctoral education in the field of entrepreneurship [J]. Journal of Management,2003(3):309 - 331.

[19] 周苏. 创新思维与方法[M]. 北京:机械工业出版社,2016.

[20] 吴晓义,等. 创新思维[M]. 北京:清华大学出版社,2016.

[21] 陈敬全,孙柳燕. 创新意识[M]. 上海:上海科学技术出版社,2010.

第四章　团队意识管理

第一节　团队

一、何为团队

一个人能否构成团队？

两个人能否构成团队？

一群在车站候车或者机场候机的人、影院观众等能否构成团队？

何为团队？

很多教材把团队定义为：是一个由员工和管理层组成的，有着共同的理想目标，愿意共同承担责任、共享荣辱，在发展过程中经过长期的学习、磨合、调整和创新，形成主动、高效、合作且有创意的团体，解决问题并达到共同目标的共同体。

美国管理学家斯蒂芬·P. 罗宾斯认为：团队就是由两个或者两个以上相互作用、相互依赖的个体，为了特定目标按照一定规则结合在一起的组织。

以上对团队的理解，均具有以下特点：

第一，以目标为导向。

第二，以相互依赖的协作为基础。

第三，经过长期磨合，形成共同的规范和方法。

结合新时代中国改革开放的新使命，我们理解的团队为：由两个或两个以上的人组成的、能共同决策、有强大的战斗力，为了特定的目标按照一定的规则结合起来的，具有创新性、实践性、互补性的共同体。

二、团队的优势

一个和尚挑水喝，两个和尚抬水喝，三个和尚没水喝。

《西游记》中孙悟空、猪八戒、沙僧三人保护唐僧西行取经，经历九九八十一难，最后到达西天取得真经。

现在空调已基本进入家家户户，空调市场的竞争也是由来已久的。从1996 年开始，空调市场就一直弥漫着硝烟，各品牌厂家不惜代价建立了庞大的销售队伍，以期获得更多的市场份额。此时，有一家企业却反其道而行之，时任珠海格力电器股份有限公司经营部部长的董明珠建立了一支仅有 23 人的销售小队，就是这支小分队在空调市场南征北战，打败了多家强劲的对手，缔造了一个销售的奇迹。

以上故事和案例告诉我们，团队成员之间需要有分工、合作，需要精诚团结，需要有强大的战斗力，才能实现“1 +1 >2”的效果。

通过更深入的比较研究，我们会发现团队较之群体有明显的六大优势：

第一，在决策方面，团队决策由其内全部成员或部分成员共同参与，充分发挥集体智慧。团队决策可使团队成员积极参与、勇于承担；可使团队成员集思广益，应对团队逐渐增加的问题和难题；可使团队成员彼此交换信息，获得最可行的方案。

第二，在目标方面，目标是努力方向的概略图，它不仅是一种战略，更是团队何去何从的答案。团队目标的确立可时刻提醒实施者决策方案的出发点和落脚点，使团队各项考核有据可依；可激发团队成员的工作热情，凝聚团队共同利益；可激发团队成员的潜能，使其投入更多的精力和时间，创造最佳成绩；可引导团队形成统一的步调，保持方向一致。

第三，在协作方面，协作的最高境界是将团队成员的个人利益与团队利益统一起来，以保证团队的高效运转。团队协作精神的形成，可进一步减少内耗，提高团队整体绩效；可合理调动团队成员的智慧、力量和经验，形成团队创新的新动力；可形成风险共担、利益共享的团队精神，达到“1 + 1 > 2”的效果。

第四，在创新力方面，这里所说的创新力主要是指思维创新。思维创新也可以称为“观念创新”，这是其他创新的前提。创新力的形成，有利于团队适应市场需求，及时调整发展策略；有利于保持团队活力，创立属于自己的团队管理方式；有利于打破惯性思维，注重产品更新，从而引导市场；有利于创立团队文化，激励成员与时俱进。

第五，在规则方面，团队规则是团队行动的灯塔和指南针。它的建立有利于团队成员之间默契、凝聚力、文化等的认同和支持；有利于团队成员之间寻求协助与支持；有利于团队成员准确、及时的信息交换，并接受建议和信息；有利于团队成员根据绩效要求及时整合个人行动。

第六，在战斗力方面，团队战斗力的本质是“动则力强，静则力弱；聚则力强，分则力弱”。团队战斗力有助于得到团队想要的结果；有助于团队在有效的时间内完成任务；有助于团队成员在团体中提升自我。

第二节　团队决策及团队建设

一、团队决策

有位专门做企业研究的教师T在一个企业内部会议上做了项实验，他找了一张纸，正面画了坦克，背面画了汽车。

他拿着纸给A员工看，然后问：这上面有什么？

A员工：坦克。

教师T：不对。你再看看。

A员工：就是坦克嘛。

教师T：我说了不对，你怎么回事？怎么还是坦克，你再看。

A员工（小声地说）：怎么不是坦克吗？

教师 T：你怎么搞的？

然后他又把这张纸拿到 B 员工面前，

教师 T：那你看看这是啥？

B 员工：我看也是坦克。

教师 T：我前面都说不对了，你怎么还是坦克。

B 员工（郁闷地说）：那您说是什么？

教师 T：我是在问你呀！

B 员工不说话了。

这时教师又找了 C 员工，C 员工就只是笑。

教师 T：这是什么？

C 员工还是在那里笑。

教师 T：你怎么不说话一直在笑？

C 员工：我说一样。

教师 T：什么一样？

C 员工：也一样。

教师 T：你说出来。

C 员工：一样嘛。

教师 T：什么一样？

C 员工：我说也一样，肯定是错嘛。

教师 T：你说出来，是什么一样？

C 员工就是不说。

教师再找 D 员工，D 员工干脆什么话也不说了，怎么问也只是笑。

这时候教师把手里的纸举起来说，这上面有汽车。大家都笑了，这是坦克嘛。然后教师把纸转了过来：我这一面上是汽车。这说明了什么，在不同的位置，从不同的角度看一个东西，很可能都是不同的。大家明白这个意思吗？在企业中，要从不同的角度看问题。

领导者仅仅是从领导者的角度，这就是一个团队中只有领导者的个人决策往往会给团队带来最大的危机。

为什么不听听团队其他成员的看法呢?

为什么不去考虑一下销售的角度呢?

为什么不去考虑人力资源的角度呢?

为什么不去考虑财务的角度呢?

为什么不去了解产品策划、市场分析、用户需求的角度呢?

团队决策的质量远远高于个人决策质量。千万别想当然,“我认为怎样怎样,我认为如何如何”。如此下去,以至于到后来团队里的成员都不说话了,就糟糕了,团队就要出大问题了。成员们都在想,“反正是你说了算,你想怎么折腾就怎么折腾”。慢慢地团队也就不再是团队。

团队决策有利于充分发挥集体智慧。团队由具有不同教育程度、不同经验、不同背景、经历不同的成员组成,其在信息收集和解决问题的思路上也存在很大差异。在此基础上,团队决策能更全面地考虑团队即将面对的问题,提高决策的科学性。

团队决策有利于促进团队成员积极参与、勇于承担。团队决策过程中,团队成员在做决策时,会将个人利益与团队利益相结合,更能调动团队成员的积极性,使其勇于承担风险。

团队决策有利于团队成员集思广益。团队吸收了不同领域的成员,也汲取了不同领域的智慧,团队成员的广泛参与更能提高决策的建设性,发现其潜在的问题,进而提高决策的针对性和可实施性。

团队决策有利于团队成员彼此交换信息。团队成员具有不同的知识背景,掌握不同的信息,在决策讨论过程中,较容易形成知识互补和信息交换。基于这些将更有利于团队获得最可行的方案。

团队决策有利于决策的顺利实施。团队决策是在综合考量决策团队成员的意见和建议后形成的,对决策问题的看法基本趋于一致,故其在具体实施过程中较为容易得到实施人员的理解、支持和配合,从而提高决策实施的质量。

由于受团队成员年龄、人群规模、决策程序和团队人际关系的影响,一般将团队决策分为以下四种类型:权威决策、投票决策、共识决策和无异议决策。

1. 权威决策

受决策程序和决策者的影响，当一个团队具有最高掌权者，且其具有一票决定权或否决权时，该最高掌权者单方面做出的决定称为“权威决策”。林肯担任美国总统期间，在通过一个关于黑人的政策时，11 位内阁成员中有 10 人反对，但只有他一个人赞成。因为总统具有否决权和决定权，故他的 1 票就确定了这个政策必须实行。

在权利界限较为明显的领域或紧急情况下，权威决策最为有效。比如，团队建设初期，团队组建者由于发起人身份以及对团队目标的充分了解，因此具有决策权。但随着团队的发展和考虑层面的增加，当缺乏实际支持或执行建议不容易，或复杂性提高时，权威决策的质量将会受到影响。

2. 投票决策

也称为“少数服从多数的决策”，以民主原则为基础。比如，团队成员投票选举领导者或投票决定是否同意新决议等。

投票决策允许团队成员对决策问题发表自己的观点和意见，可保证大部分人的利益。投票决策可以按照既定的程序进行，并能相对迅速、高效地做出决定。比如，当时间有限且决策结果不会对不赞成者造成消极影响时，可以使用投票决策的方式。但是投票决策易促成成员分派，而且反对方将很难尽职投入工作，在一定程度上会影响决策的质量和执行。

3. 共识决策

共识是一个普遍同意或达成普遍同意的过程，共识决策则是关注共识的决策。它在追求决策者多数同意的基础上，还力求解决和减少少数人的反对，以求达到最大范围的同意。这种决策方式使决策能取得广泛的认可，从而提高决策的可执行性。这种决策方式在志愿服务组织中较为流行。

共识决策是一种反映所有团队成员想法的、全面解决问题的决策方式。它能提高实施决策成员的积极性，是经过深思熟虑后产生的决议，决议质量较高。但是，该种决策方式需要保证决策问题和解决思路得到公开讨论或辩论，以保证团队内每个成员均能表达自己的观点和见解，对时间的要求具有一定的挑战性。

共识决策属于开放式讨论，而开放的讨论需要有效的方法。人们常用的方法是彩色（绿、黄、红）卡片法，而且卡片在讨论时和决策时具有不同的作用。

讨论时，团队成员通过举起手中不同颜色的卡片表达不同的意见和建议。

绿色卡片意味着“我有问题”或“我有话要说”。当同时有多名团队成员举起绿色卡片时，他们会被要求按照既定顺序依次发言，表达自己的观点。

黄色卡片主要针对已经发表过观点的成员，意味着“我需要澄清”或“我可以澄清”。

红色卡片是过程卡或提示卡。当红色卡片被举起时，举卡人要表达的可能是“我们是不是偏离了议题?”“我们争论这个问题的目的是什么?”或“我们休息一下如何?”

决策时，团队成员通过举起手中不同颜色的卡片表达自己的最终决议。绿色卡片意味着“同意”；黄色卡片意味着“可以接受”；红色卡片意味着“不同意，但我会考虑所有团队成员的发言，努力寻找一个更好的方法”。在前期讨论的基础上，举红牌并不会阻碍决策进程，但它意味着举红牌者虽然质疑决策事件，但会与团队其他成员一起工作，并把质疑带到后续的讨论中。因此，在共识决策的过程中，决策者不会轻易使用红牌。

如果团队成员同意采纳类似这样的方法，并且都愿意用这种方法讨论和决策，那么在保证时间效率的情况下，共识决策可有效满足团队的目标。

4. 无异议决策

当决策团队全部成员对某项决策完全赞同时，即产生了无异议决策。

一般只有在团队决策事件非常重要，且要求所有成员达成完全一致时，才会选择无异议决策。如陪审团做出的无异议裁决书。

只有当一项决策的结果对每个成员都至关重要时，才有可能作出无异议决策。因为它能确保每个成员都认为所达成的决议是最佳的，且确保每个成员都能公开支持决议。但是，“世界上没有完全相同的两片树叶”，也没有完全相同的两种思想，所以一般很难作出无异议决策。

二、团队建设

团队决策充分发挥了集体的智慧，那么如何把一个集体建设成一个团队呢?

团队建设的基础是先形成团队。根据前面给出的团队定义，团队的构成包含以下因素。

1. 人

人是团队构成中最核心的力量。两个或两个以上的人可以组成团队。一个团队由哪些成员构成呢? 出主意者、订计划者、实施者、协调者、监督者、评价者该如何选择呢? 更重要的是，还需考虑成员的能力大小、经验领域、技能高低及是否存在互补性等。因此，人员的选择是团队建设中最为重要的部分。

2. 目标

目标是团队存在的价值，是团队航行中的“灯塔”。

1952 年 7 月的一个清晨，加利福尼亚海岸上起了浓雾，在此海岸以西 21 英里的卡塔林纳岛上，一位 43 岁的女性费罗伦丝·查德威克正在从太平洋游向加州海岸。浓密的大雾使她几乎看不到护送船只，冰冷的海水冻得她身体发麻。15 个小时后，费罗伦丝·查德威克又累又冷，她想放弃。但在另一条船上她的母亲和教练都告诉她离海岸很近了。可她朝加州海岸望去，除了浓雾什么也看不到……

事实上，她被工作人员拉上船的地点距离加州海岸只有半英里。在后来的采访中她说，令她半途而废的既不是疲劳，也不是寒冷，而是隐匿在浓雾中看不到的目标。

3. 团队精神

团队精神是个体利益和整体利益的统一，是大局意识、协作精神和服务精神的集中体现，是要让构成者组成真正的团队而不是群体。

1994 年，世界杯足球赛的决赛双方是意大利队和巴西队，但比赛胜负似乎在入场时就决定了。意大利队由队长带队入场，队员表情严肃，双手交叉抱在胸前，俨然是做好了团队共荣辱的准备；而巴西队队员则每个人都表现得是才华横溢的个体。

4. 规则

规则就是团队成员共同认可的价值体系和制度体系。只有制定了合理的团队合作规则，才能培养团队成员的合作意识，才能以制度和文化凝聚人心。

团队规则应包含以下内容：

第一，支持。团队成员之间要寻求支持、提供协助。

第二，沟通。团队成员之间要及时、准确地交换信息。

第三，协调。团队成员要根据团队目标要求规范个人行动。

第四，反馈。团队成员之间要对团队目标提供建议、意见和信息。

第五，监督。团队成员要互相监督，观察他人的行为，在必要时提供反馈和支持。

第六，领导。团队成员要服从团队整体的组织和领导。

据此，团队规章的起草应通过团队成员共同商讨、辩论、修订后确定。要在制度建设的基础上，使团队管理规范化，使团队内各项工作的开展有章可依、有规可循。

5. 计划

计划是达成最终目标的方案和途径。制订计划应考虑以下因素：

第一，针对性。针对团队目标、成员构成等实际情况制订计划，使计划服务于目标。

第二，分层性。逐层分解组织目标，形成包括时间和空间在内的目标结构。

第三，前提性。设置目标前提，确定计划实施的内外部预期环境，最大限度降低不可控的前提条件。

第四，可行性。根据预期环境，选择目标明确的、最具可操作性和合理性的方案。

第三节　如何提高团队意识

团队意识是指团队成员的整体配合意识。团队意识管理的最终目标是将“被动听课”转变为“主动改变”、将“个人改变”转变为“团队改变”、将“课堂演练”转变为“日常实战”，以期达到“1 + 1 > 2”的效应。我们将从团队目标的确定、团队精神的培养、团队沟通的方法三个方面分别讲述。

一、团队目标的确立

（一）团队目标的特点

一位心理学家做了这样一个实验：

他将实验人员分为 3 个小组，分别以 10 千米外的村子为目标徒步前行，且每组获得的信息不同。

心理学家为第一组成员配备了一个向导，并告诉了他们目标村名，向导只负责引路，不与团队成员交流；告诉了第二组成员目标村名和距离，但路边没有设里程碑；对于第三组，心理学家不仅告诉了他们目标村名和距离，而且在公路旁边每公里都设有一块里程碑。

在此基础上，3 个小组分别开始前行。

第一组的成员刚走了两三千米，就有部分成员开始叫苦，走了一半的路程时，有些成员开始烦躁并且发怒，因为他们不知道什么时候才能走到头，有些成员甚至不愿走了，越到后面他们的情绪越低落。

第二组的成员走到一半时，大家都想知道大概走了多少路程，此时有经验的成员说："大概走了一半了，大家加油！"于是，大家坚守着心中的信念，继续前行。当走到全程的3/4时，团队成员出现了各种疲惫状况。当有人说"快到了，大家再坚持一下"的时候，所有人又再次打起精神，加快了行进步伐。

第三组的成员由于得到的信息较为齐全，他们边走边看路边的里程碑，每前进一千米，他们就通过歌声鼓励自己，情绪一直非常高涨，是用时最短到达目的地的小组。

通过上述实验，心理学家指明，只有当行动有了明确的目标，且执行者能清晰地知晓自己的前进速度以及与目标的差距时，他们的行动动机才能得到有效的维持，才能为达到目标而自觉地、不断地克服困难。

能够成为团队旗帜的团队目标具有什么样的特点呢？

1. 明确可接受的

目标为团队指明航向，使团队成员能明晰自己的目的地、清楚现在的位置以及团队的将来。只有目标清晰，团队成员才能明晰团队及自身所追寻的方向、团队存在的价值。

一个清晰的目标，能够激起团队成员的无限潜力，发挥团队成员的想象力，激励大家投入更多的时间和精力以达到目标；一个明确的目标，能使团队成员明白目标工作量、工作期限、工作分工及资源等，能将枯燥的工作安排转化为振奋人心的动力；一个被接受的目标，可将团队成员的思维、态度、做事的方式尽量统一，齐心协力塑造团队重心。

2. 分段可行的

目标的实现归结为目标是具有可行性的。过程、设计、程序或计划能否在规定时间内完成，决定了目标能否实现。

无论哪种目标都不可能一蹴而就。许多目标最后不了了之均是因为没有精细的实行计划，只是一味空想。要最终实现团队目标，就要把大目标分解成几个阶段，分阶段实现。一个阶段目标的实现可为下一阶段目标的实现奠定基础，最终使团队目标具有可行性。

3. 量化可衡量的

此处的量化是指某一目标能直接用数字描述的，就一定要用精确的数字描述；不能直接用数字描述的，可对其做进一步分析，将其表现形态用数字指标进行补充描述。

“月销量为1000个”“年利润为20万元”等描述可引导执行者将目标进一步细化，起到了引导执行者工作的目的；“较好地”“更准确地”“精确地”等描述过于含糊，无法告知执行者具体该怎么做、该深入到何种程度，不能作为决定目标实现所需的量化衡量标准。

4. 有时间限制的

目标必须有时间的限制，任何无法量化或不设定时间期限的目标都是无效目标。就像打靶时，靶子都看不清，命中的概率自然也不会高。

团队成员必须知道他们需在何时完成目标，否则目标就变成了奢望。毕竟在没有时间期限的情况下，一般人总是按照紧急与不紧急确定做事的顺序。同时，目标完成的时间期限，应考虑团队精神和团队斗志，如果完成期限过长，如两年或者三年，将无法激发团队成员的斗志。

在考虑团队目标完成的时间限制时，不能一味地遵照程序式的时间限制形式，可从内因和外因两个方面入手。内因主要考虑团队内成员的个人能力、技术和人脉资源，根据实际情况制定出循序渐进的阶段性目标；外因主要考虑外界环境的发展、变化，并根据外因的改变，对已作出的阶段性目标进行调整，以适应新的情况。

（二）团队目标的积极作用

目标是团队活动的预期目的，为活动的执行指明方向。同时，它也是对活动预期结果的主观设想，是在大脑中形成的一种主观意识形态。对于一个团队来说，一个共有的目标又有什么作用呢？

1. 目标是团队存在的理由

团队目标是运用了团队成员的才能和智慧，有意识地选择并表达出来的方向，能够为团队的运行和决策提供参照，能够判定团队是否在进步，能为团队成员提供一个合作和共担的焦点，能够使团队成员找到“成就感”，促进团队成长和发展，是团队存在的目的和意义所在。

2. 目标是团队航行的方向

团队目标为团队发展指明了方向，使他们知道团队的目的地在哪里，知道团队目前的处境，有助于引导团队成员形成统一的行动，使团队的想法更具体。

3. 目标是团队决策的前提

目标是团队成员制定决策方案的出发点。一个没有目标的团队，是存在投机侥幸心理的团队，只能走一步看一步，并将长期处于一种不稳定的状态。一个目标明确的团队，在决策时才更有方向，在行动时才更有动力，机制才能更健全，所走的道路才能更科学。

4. 目标是团队考核的依据

目标是考核团队成员职责和工作结果的依据，是评价团队成员工作贡献程度的度量衡。为团队成员能准确把握自己的岗位职责、有意识地提高自身能力、弥补知识结构缺陷提供了标准。

5. 目标是团队合作的旗帜

目标是团队成员集体利益的体现，自然也是团队合作的基础 。只有在目标明确的前提下，才能调动成员的潜在努力，同心协力，创造最佳绩效。也只有在目标实现后，团队成员才会获得最大利益，进而产生成就感。

6. 目标是团队凝聚力的源泉

团队凝聚力是使团队真正构成多成员联合体，而非一盘散沙的关键因素。在一个团队中，如果没有团队凝聚力，即使个人表现再精彩，也难以实现目标。只有当团队目标与团队成员的个人目标和谐一致时，它才能最大限度地提升团队对成员的吸引力、成员对团队的向心力，从而激发团队潜能。

（三）确立团队目标

团队目标的确立既可由团队领导一人负责，也可由团队成员一起完成，关键在于目标的本质。

根据目标本质，可参考以下过程确立团队目标。

1. 摸底了解

对团队进行摸底，一方面了解团队成员的特长，另一方面向团队成员咨询个人对团队活动目标的理解、意见和建议。这样不仅可以达到因材而用，合理利用资源的效果，而且可以获取成员对团队目标的认可；可以了解到团队成员未来关注的重点是什么；可以意识到团队成员认可的团队目标能为团队未来发展做出什么样的贡献；可以判定在团队活动目标达成的过程中，团队成员的特长能否得到充分、有效的发挥。通过摸底，最终达到全员参与目标的确立和集思广益的目的。

2. 加工草拟

摸底获取相关信息后，还不能立即确立团队目标。应根据内外部环境进一步思考。将团队成员个人特长及其所提出的目标设想进行糅合，深入加工摸底所获取的信息，最后制定出明确、可接受的团队目标草稿。

3. 讨论确立

根据团队目标明确可接受、分段可行、量化可衡量、有时间限制的特点，团队成员共同讨论团队目标草稿，不仅能获得团队成员集体参与形成的目标定稿，而且可以在团队成员非百分之百接受团队目标的情况下求同存异，获得团队成员对目标的进一步了解和承诺。

二、团队精神的培养

在团队已建立共同目标的基础上，如何培养团队精神呢？

（一）何为团队精神

本书对团队精神给出如下定义：团队精神反映的是个体利益与集体利益的高度统一，是团队成员在发挥个性的基础上，协同合作、团结一致向前看，以奉献精神确保团队高效运转的精神。

1. 团队精神以团队成员发挥个性为基础

团队精神的形成并不要求团队成员牺牲自我。团队成果首先来自团队成员的个人成果，其次才是集体智慧的结晶，由此反映出团队精神不要求团队成员必须牺牲自我，而是要求团队成员发挥各自潜能，集中优势力量完成团队目标。由此可见，要使团队精神在团队日常活动或工作中越来越富有感染力，就应以尊重个人兴趣和特长为基础，以人尽其才为途径。

2. 团队精神以团队成员协同合作为核心

“三个臭皮匠赛过诸葛亮。”团队精神所提倡的合作并非一般意义上的合作，它以达到“1+1>2”为目标。在这个目标基础上的合作是一种协同效应，这种协同效应以个性和能力差异为前提、以发挥团队优势为基础、以沟通交流为核心；这种协同效应在于发挥每个成员的特长、在于互补每个成员的才能、在于成员间的沟通和交流。

3. 团队精神以奉献精神为外在表现

在实现团队目标的过程中，团队成员多为“尽职尽责”地做好本职工作。但是这个过程未必一帆风顺，只有部分成员肯“主动”为了整体的和谐而甘当配角，“自愿”为团队利益放弃个人私利，以一种使命感和强烈的责任感创造性地工作，团队才能锐意进取。

4. 团队精神以团结一致为最高境界

一个团队拥有共同目标并不一定就具有凝聚力，共同目标是鼓励团队成员为之奋斗的基础，而向心力和凝聚力才是团队的心脏。一个没有展示自我机会的团队，如何能形成真正的向心力？一个没有明确的协作意愿和协作方式的团队，如何能形成真正的凝聚力？因此，全体成员的向心力、凝聚力是从松散的个人集合走向团队的最重要的标志。

（二）团队精神的培养

团队精神是个体利益和整体利益的统一，是大局意识、协作精神和服务精神的集中体现，是要让全体成员成为真正的团队而不是群体。

团队精神是团队文化的重要因素之一，它要求团队成员人人参与，通过不断完善制度，使团队成员在沟通、尊重的基础上，形成一个团结互助的有机整体，从而为实现团队目标努力奋斗。

团队精神的培养需要从以下几个方面入手。

1. 明确目标

目标是指导团队航行的“灯塔”，是凝聚团队成员的力量、鼓舞团队成员团结奋斗的动力，是督促团队成员的标尺。一个明确可接受的、分段可行的、量化可衡量的、有时间限制的、被接受的目标，可将团队成员的思维、态度、做事的方式尽量统一，齐心协力塑造团队重心。

2. 制度健全

制度是要求大家共同遵守的办事规程或行动准则，是使团队管理工作或团队成员行为规范化、制度化、程序化的有效保证。只有建立系统、科学的管理制度，才能形成纪律严明、作风过硬的团队。

3. 人人参与

人人都有参与管理的愿望，都有自己的管理要求。正确引导和鼓励这种愿望，吸引成员直接参与团队的各项管理，能使团队成员更加积极地为团队发展出谋划策，贡献自己的力量与智慧，从而形成强大的向心力。

4. 有效沟通

有效的沟通能及时消除和化解团队成员之间的分歧与矛盾。如果团队中每个成员都可以自由、公开地发表自己的观点，能无拘无束地表达个人感受，能真诚地倾听对方的言论，能在言语间表达对成员的信赖感，那么这个团队就已建立了良好的沟通环境。能有效沟通的团队会降低“内耗”，增强团队凝聚力。

5. 相互尊重

尊重每个人是团队经营的最高宗旨。尊重团队中的每个人，让每位成员都能感受到被肯定、被需要、被信任，那么他们将用自己最大的努力回报团队、忠诚团队、奉献团队。

6. 团结互助

团结才能出战斗力。团队成员只有不计个人利益，将个人要求融入团队目标，才能达到团队最佳的整体效益。在具有团队精神的团队，会经常听到："我目前有一些困难，你能帮我吗?"在互助的背景下，即使结果不能令人满意，成员之间也能自我调适，再聚力量追求目标。

（三）团队创新精神的培养

有一天，天鹅、狗鱼和虾想拉动一辆装满东西的货车。他们分别套上车索，拼尽全身力气去拉，可是车子一动也不动。

一个农夫走过来问："你们在做什么?"3 只动物继续保持着拉车的姿势异口同声地答道："我们在拉车。"农夫看了看它们的姿势，天鹅拼命向天上冲，虾尽量向后拖，狗鱼直接向水里拉，然后问："你们要将车拉去哪里?""前面。"他们再次同声答道。但是，也被自己的回答及行动震惊了。

3 个家伙卸下车索开始研究，一会儿他们再次套上车索出发。这次，虾掉转身，天鹅沿着路面的方向飞行，狗鱼也不往水里钻了，很快车就动了，尽管车还不是很稳定，但是他们开始欢呼、庆祝！

又过了一会儿，3 只动物拉着车在一个小陡坡前面停了下来，对于如何翻过这个陡坡，他们各抒己见。最后 3 只动物开始争吵起来。这时一个路过的农夫看到此情景便问："你们是不同的动物，有没有站在对方的角度去看问题？你们是否觉得只有自己才是对的？除了吵闹，有没有其他的行动是对你们拉车有帮助的呢?"

3 个家伙再次卸下车索开始商量。一会儿，他们第三次套上车索，明确了分工。天鹅观察远处的情况，虾关注后方的情况，狗鱼关注地面近距离的情况，并且不停沟通，相互信任，车子稳稳地翻过了陡坡。

如果一个团队能不断创新完善，保持积极进取的精神，他们就能成为伟大的团队。

三、团队沟通的方法

沟通是一种伟大的思想交换。英国作家萧伯纳说："如果你有一个苹果，我有一个苹果，彼此交换，那么每个人只有一个苹果；如果你有一个思想，我有一个思想，彼此交换，我们每个人就有了两个思想，甚至多于两个思想。"

（一）何为沟通

日裔美国管理学家威廉·大内（William Ouchi）在其著作《Z 理论：美国企业界怎样迎接日本的挑战》中对曾使日本经济获得成功的"日本式"团队模式做了大量研究。他认为日本企业之所以会比美国企业成功，是因为日本企业在经营管理中形成了特有的"日本式"团队精神，即"我们是集体领导，我们是平等的"。威廉·大内认为，三个因素决定了这种团队精神的形成，即信任、微妙性、人与人之间的亲密性。而这三个因素中，沟通起到至关重要的作用。他认为在现代沟通媒体不断增加的基础上，信息沟通变得相对容易，但情感沟通却退居次要位置，这在很大程度上会导致团队内部异质人群在文化上的冲突。

《大英百科全书》认为沟通是交流信息，西蒙认为沟通是信息传递，巴纳德认为沟通是集中意志。本书认为沟通是人与人之间、人与群体之间通过信息的不断传递和反馈，以达到彼此理解及思想一致的行为。这就意味着如下几个方面。

1. 沟通包含着信息传递

信息传递是沟通的实质所在。如果没有信息传递，沟通不可能发生。信息传递就是要讲出来，要把个人对事件的理解、想法、观点通过合理的方式陈述出来，同时要突出主题，不要让无谓的信息掩埋了自己的主题。

2. 沟通包含着双向反馈

反馈是系统与环境相互作用的一种形式。在系统与环境相互作用的过程中，系统的输出成为输入的一部分，反过来作用于系统本身，从而影响系统的输出。信息发出后若没有反馈，也不能构成沟通，反而如石沉大海一般，让信息发出者无所适从，甚至灰心丧气。

3. 沟通包含着理解和尊重

理解与尊重保证了沟通的有效性。沟通不一定要求对方完全接受自己的观点，但要求对方尊重，在尊重的基础上从信息发出者的角度理解其想法和观点。

团队沟通即团队成员内部发生的所有形式的沟通，是伴随着团队这一组织结构的诞生应运而生的。

（二）团队沟通的重要性

狮子与老虎之间爆发了一场激烈的、两败俱伤的战争。狮子快要断气的时候对老虎说："如果不是你非要抢我的地盘，我们也不会弄成现在这样。"老虎吃惊地说："我从未想过要抢你的地盘，我一直以为是你要侵略我！"

竞争对手之间如此，团队成员之间亦如此。

相互沟通是维系团队成员之间和谐的关键要素。有什么话不要憋在肚子里，多与队友交流，也让队友多了解自己，这样才可以避免许多无谓的误会和矛盾。

沟通的行为和过程在团队建设中相当重要。

1. 沟通是团队顺利实施活动的主要方式、方法、手段和途径

团队在实施各项管理职能的过程中，无论是横向的部门沟通，还是纵向的工作传达，沟通无处不在。

2. 沟通是团队创新的杠杆

沟通能有效促进团队成员之间思想观念、思维方式的转变。这种转变

可将各种要素和条件有机联系并结合起来形成新的思想，进而产生新的物质。

3. 沟通是保证团队正常运行的关键

如果没有沟通，团队合作就是一个呆板的过程；如果没有沟通，就不能很好地解决团队建设过程中的症结；如果没有沟通，就不能以团队目标为指导分析问题、解决问题。

4. 沟通是促使团队成员尽职尽责的重要途径

团队中的每个人都是所在团队的主人翁，在团队建设中，对团队目标的设定、制度的建立、岗位目标及自我管理等都有发言权，这种参与感不仅能让团队成员产生团队建设的责任感，更能让他们得到彼此间的尊重和信任，促进成员最大限度地干好本职工作。

5. 沟通是提升团队精神的主要工具

团队精神的本质是使团队成员在思想上、观点上、情感上、灵魂上达到水乳交融，而这种高度统一是通过沟通才能达成的共识。

（三）团队沟通的前提

团队沟通的前提是知道说什么，什么时候说，对谁说，怎么说。

1. 知道说什么

要明确沟通的目的。当你与团队成员一起沟通时，一定要明白自己是要汇报工作进展，还是就相关问题与其他成员展开讨论；是要从其他成员那里获取资源或支持，还是为了表现自己，抑或是从团队整体绩效考虑。这些均决定了要说什么或怎么说的问题。

2. 知道什么时候说

要掌握好沟通的时间。当你的沟通对象正处于焦虑的状态时，你要求他与你协商聚会事宜，显然不合时宜。所以，要想达到较好的沟通效果，就必须掌握好沟通的时机，也就是沟通的时间。

3. 知道对谁说

要明确沟通对象。沟通的关键在于你说的话对方能否听得懂、能否理解。如果你是一个数学家，在一次学术会议上，你可以自由地运用专业术语，但是如果你面对的是一群普通人，为方便大家理解，就必须用比较通俗的语言。否则，即使你说得很好，但你选错了沟通对象，自然也达不到沟通的目的。

4. 知道怎么说

要掌握沟通的方式。沟通的方式多种多样，人们在沟通的过程中，可以用语言表达、可以用文字表达、可以通过语速语调表达、可以通过肢体语言表达，甚至将很多种表达方式穿插运用。我们只有通过对这些沟通语言的观察、了解并理解其用意，才能有效地运用它们进行沟通。

（四）团队沟通的技巧

团队沟通的要点是真诚、理解、平等、尊重、认同和适应。

小羊请小狗吃饭，它准备了一桌鲜嫩的青草，结果小狗勉强吃了两口就再也吃不下去了。过了几天，小狗请小羊吃饭，小狗想：我不能像小羊那样小气，我一定要用最丰盛的宴席招待它。于是，小狗准备了一桌上好的排骨，结果小羊一口也吃不下去。

“己所不欲，勿施于人。”凡事不要把自己的想法强加给对方，遇到问题的时候多换位思考一下，站在对方的角度想一想，这样才会更好地理解同伴。

一个团队要如何避免出现上述状况？日常的有效沟通是提高团队效率、保持团队默契的关键。作为团队成员可以从以下几个方面着手提高沟通技巧。

1. 查找自身原因

如果某个团队成员不擅长语言沟通，那么在未来的合作道路上必然会出现很多难题。因此，只有查找自身原因，让自己的语言表达能力变强，才能够真正帮助自己提高沟通效率。

2. 分析团队沟通不顺畅的原因

对一个团队来说，如果沟通不顺畅肯定是有原因的，是员工相互之间关系不融洽，还是有其他方面的原因？无论症结在哪里，只要找出来并解决就能够很快让团队的沟通顺畅。

3. 加强团建

团建是培养团队成员默契的重要途径。在繁忙的工作之余，利用空余时间加强团建互动，让团队成员彼此关系更近一步，这样沟通起来才能够更加方便。

4. 强调和巩固团队文化及目标

如果一个团队能够团结一心，总是不断地强调团队目标，必然在沟通流程上也会变得更加顺畅，对于未来的团队业务的升级也是非常有帮助的。

5. 完善团队反馈机制

若缺乏完善的反馈机制，对于一些日常的事情将总是很难快速解决。因此，完善沟通及反馈机制也能够帮助团队快速提高沟通效率。

6. 提高团队沟通效率

团队沟通效率直接影响了团队业务的正常开展，如果沟通不顺畅或者不准确，也会导致重要信息的流失。

一个优秀的团队，强调的是精诚团结。在提高团队成员沟通技巧方面，还可以借鉴讲故事法、聊天法、制订计划法、越级报告法、参与决策法、培养自豪感、口头表扬法等方法。

第四节 学习型团队的打造

一、何为学习型团队

团队是由两个或两个以上的人员组成的，众人决策、有强大的战斗力，为了特定的目标、按照一定的规则结合起来的，具有创新性、实践性、互补性的共同体。学习型团队（TEAMWORK）是具有持续学习精神的团队。这里 TEAMWORK 的释义为：

T（together），团队成员不间断地知识共享。

E（everyone），每个人共同奉献。

A（accomplishes），完成共同的目标。

M（more），把工作做得更快、更好、更完美。

W（with），协同合作。

O（organization），一个团队即是一个组织。

R（responsibility），一起承担责任。

K（knowledge），不断学习获取新知识、新技能。

上述释义说明，学习型团队是一个为完成共同目标，共享信息或其他资源，并按一定的规则和程序通过充分的沟通和协商开展工作的群体。它具有以下特点。

1. 具有为实现共同目标不断增长的学习力

团队的共同目标既是团队成员共同的理想，也是团队存在的价值。它能使不同个性的人凝聚在一起，朝着团队共同的目标不断学习、不断更新、不断前进。

2. 具有不断创新发展的创造力

学习型团队一般由多个具有创造性的小组构成，他们是团队最优创造力的细胞组织。团队目标均直接或者间接通过这些小组创造性的工作来实现，团队成员通过不断创新发展的能力，逐步提升应变能力。

3. 具有终身学习的理念和机制

学习型团队其内部已形成良好的学习氛围，具有终身学习的习惯，并将学习贯穿团队运行的全过程。边学习边准备、边学习边计划、边学习边推行，形成终身学习的模式。

4. 具有学习共享的团队氛围

团队成员通过建立多元回馈和共享的学习系统，开创多种学习途径，活化学习意义，激发个人潜能，将个人提升与团队发展相结合，建立学习共享的团队氛围。

二、如何打造学习型团队

根据学习型团队的特点，打造学习型团队需要经过以下步骤。

第一步：前期评估。要打造学习型团队，必须先了解团队现有学习状况。比如，是我要学习还是要我学习？成员能否主动适应目标需要？成员心中是否将个人发展与团队目标相结合？有没有提供资源或条件促使成员实现自我导向学习？有没有做到鼓励成员分享学习成果？通过前期评估结果，不断完善以下步骤。

第二步：调动学习积极性。高压和逼迫式的组织学习不仅达不到学习的效果，还会适得其反。团队成员之间只有彼此关心、相互监督、彼此分享，才能促进成员主动学习，使学习具有开放性和协调性。

第三步：建立完善的学习体制。保持共识并有良好的制度，才能达到使学习持续发展的目的。通过建立完善的学习体制提高成员解决问题的能力，将帮助彼此做事变成学习交流，把解决问题纳入生活方式。

第四步：建立奖励机制。每次危机的出现都是学习的最佳机会，只有奖励冒险，鼓励解决问题新方法、新方式的提出，才能使团队获得更多成功的机会。

第五步：共享学习成果。知识不仅来源于积累，也来源于交流。团队成员之间就是相互学习的最大资源，团队成员学得的知识就是团队的资源库。共享学习成果，可大大提高团队运作的效率。

第六步：将学习与工作相结合。将学习贯穿团队运行的全过程，边学习边准备、边学习边计划、边学习边推行。将学习与工作相结合，以学习激发新方法、新思路，从而找到新发现。

第七步：将学习与目标相结合。将学习与团队目标相结合，通过学习不断完善团队发展目标，逐步形成团队发展愿景，并将团队愿景与成员个人发展相结合，达到群策群力的目的。

第八步：将学习融入生活。学习型团队强调终身学习，即将学习融入生活，将团队愿景转化为行动，并通过不断的反馈和共享，使之融入整个生活。

第九步：进行系统思考。只有通过回顾、设立目标、制定规则、继续进步、反馈、落实到行动这六个方面，组建具有系统思考能力的学习型团队才能实现。

第十步：明细未来的努力方向。

要使上述步骤得以贯彻执行，就必须面对一切挑战，创造机会，不断确定未来的发展方向。

三、创建学习型团队的典型

1. 微软如何创建学习型团队

首先，有正确的“学习理念”。微软提出的理念是：学习是自我批评的学习、信息反馈的学习、交流共享的学习。为此，微软提出了以下四个原则。

第一，系统地从过去和当前的研究项目与产品中学习。为此，开展了事后分析活动、过程审计、休假会活动、小组间资源共享活动、“自食其果”活动等五大活动。

第二，通过数量化的信息反馈学习。微软把产品的质量问题分为整个产品不能使用、一种特性不能运行并无替代方案、一个产品不能应用但可以替代、表面的微小的问题等四种不同程度，并将产品质量信息公布于众，使员工知道问题的严重性，经过反思，找出问题的关键所在。

第三，以客户信息为依据进行学习。在遵循上述两个原则内部获取信息的基础上，收集外部信息反馈，把客户信息作为重要的学习资源。

第四，通过交流共享学习成果。微软公司为了交流共享，采取了三个措施，即成立共同操作、沟通系统，开展相互交流活动，开展“东走西瞧”活动。

2. 国内企业如何创建学习型组织

上海汇众汽车制造有限公司从创建学习型班组开始，推广到创建学习型科室，最后建成学习型企业。他们开展了“三自活动”，即自我发现、自我学习、自我解决问题。

国内某制药公司则是从管理创新着眼，从“五项修炼”下手，逐步向学习型企业迈进。“五项修炼”为：①自我超越，开展了“卓越经理证书”和“领导才能与团队建设”培训。②改善心智模式，开展了高级管理决策层反思总结活动。③建立共同愿景，开展了公司“个性系统”设计，包括战略目标、形象口号、企业精神、核心价值、信念承诺、经营理念、职业道德、行为规范等。④团队学习，开展了“绩效伙伴”学习活动、“静思”技能训练。⑤系统思考，开展了对传统管理模式与现代管理模式的系统比较。与五项修炼同步开展时间管理、领导才能、团队建设等活动。

第五节　幸福团队的打造

成功 = 幸福？

金钱 = 幸福？

你知道自己的幸福感来自哪里吗？

当你拿这样的问题问团队成员的时候，他们是否有困惑？

一、什么样的团队才是幸福团队

幸福是指一个人得到满足而产生的喜悦，并希望一直保持现状的心理情绪。幸福感是指人类基于自身的满足感与安全感而主观产生的一系列欣喜与愉悦的情绪。团队成员具有幸福感的团队就是幸福团队。

什么是团队幸福感？

团队幸福感主要与团队成员的需求和期望值有关。

一方面，幸福感会随着需求的变化而不断变化。马斯洛的需求层次理论认为，人的需求是有层次的。当人们追求低级需求并实现时，人们会感到幸福，然后会去追求高层次的需求。可见，团队幸福感与团队成员的需求有关。

另一方面，人对需求程度的期望值不同，会带来不同程度的幸福感。比如，A 希望月薪一万元，B 希望月薪五千元，当他们同时拿到八千元的月薪时，A 会不满足，B 则会非常的满足。可见，团队幸福感与团队成员的期望值有关。

什么样的团队具有幸福感呢？

目前大部分团队中，“80 后”“90 后”，甚至“00 后”已经占据了团队成员的大部分，这部分是未来社会发展的生力军。他们个性张扬，对幸福感的追求有着比前辈更为强烈的需求。然而，他们未经历过艰苦奋斗，再加上受世界多种思潮的影响，他们的价值体系不完整、不稳定。这就要求团队领导者必须有清晰的价值观，引导团队成员设立生涯规划，让他们与团队共同成长、共同幸福。

幸福团队必须具备以下特点：

第一，团队领导者热爱工作、充满激情，能调动起整个团队的工作热情。

第二，成员在团队中能够得到足够的尊重和关注，拥有强烈的归属感。

第三，团队有统一、清晰的使命感，使团队目标与个人发展目标相一致。

这三个特点的外在表现就是“团队凝聚力高，绩效卓越”。所以，关注团队的幸福感，是提升团队整体敬业度、提高团队绩效的必经之路。

二、如何打造幸福团队

“幸福的人生都是相似的，不幸的人生各有不同”，这句话放在团队建设上也同样适用。

如何打造幸福的团队？哪些因素决定了团队的幸福感？

（一）保持团队高绩效

现代社会强调“团队精神”，而非“单兵作战”。军队如果只靠指挥官的谋划是不能取得胜利的，一个团队如果只靠团队领导者的个人能力也是无法取得成功的。哪些因素决定了团队绩效？

建立系统科学的管理制度，使团队成员的个人行为和管理工作程序化、规范化、制度化，是建设幸福团队的有效保证。其中，团队纪律建设、短板建设、竞争机制又是影响团队绩效的主要因素。

1. 纪律建设

团队绩效需要纪律来保障。纪律可解释为：为维护集体利益并保证工作进行而要求成员必须遵守的规章、条文。由此可见，纪律是管理的依据。如果没有纪律的约束，整个团队将毫无生气。

李·艾柯卡曾任美国福特汽车公司总裁。他在接管克莱斯勒公司的时候，发现正是纪律的缺乏导致这家汽车公司陷入混乱、各行其是、指挥无效的状态，致使其濒临破产。在艾柯卡推行了强有力的公司纪律措施后，这种情况开始逐渐好转。

艾柯卡认为，一个团队离不开严明的纪律。纪律就是用制度来约束和规范执行者及操作者行为的一种激励方法，而且是一种负激励法，只罚不赏。遵守纪律是理所当然，而不遵守纪律就要受到制裁和惩罚。

艾柯卡还认为，只有做到以下两点，才能发挥纪律的作用：

第一，纪律要合情合理。纪律是多数人都够遵守的，如果纪律设定的不够合情合理，不仅不能起到使成员遵守纪律的目的，还可能使团队成员产生对立情绪，出现负面效应。

第二，执行纪律只罚不赏。如果设立的纪律是合情合理的，是符合大多数人利益的，那么大多数人都能遵守。若对遵守者都给予奖励的话，就违背了奖励的差异性原则，而且达不到激励的作用。

要管理好团队，就要先确定团队是否有严明的纪律，以及在实际管理过程中，纪律是否被严格执行。

2. 短板建设

短板，源于美国管理学家提出的木桶理论，是指人的短处或不擅长的地方。一只木桶能装多少水不取决于最高的木板有多高，而取决于最短的木板有多短。意指无论团队还是个人，都会有一些拖后腿的“短板”。努力让水平低的成员水平得到提升，是提高整个团队绩效的关键。

日本零售业的佼佼者 UNY 公司，其总经理西川俊男曾经说：“企业中出现有的员工工作不积极、不上进，甚至还影响其他员工工作的情况。这是每个企业都难以避免的现象。关键在于，管理者用什么样的态度对待这些员工。”UNY 的公司理念专门为那些后进员工设立了最佳突出进步奖。只要一个团队里面的“短板分子”有一个大的转变，那么整个团队的面貌就会有一个很大的改观。

由此可见，“短板分子”的教育和转化是管理好团队的关键点。这些“短板分子”的转化，对提高团队工作绩效有着重要的帮助。

3. 竞争机制

“物竞天择，适者生存”。这句话不仅适用于生物进化，同样适用于团队建设。

沙丁鱼是欧洲人餐桌上一道不可或缺的美食。过去，沙丁鱼经常在运输途中死亡，这一问题长期困扰着鱼商鱼贩。他们绞尽脑汁，虽然想尽各种办法，却总是无法得到大量的新鲜沙丁鱼。有一次，一位船长意外发现，自己运输的沙丁鱼上岸后依然活蹦乱跳。他觉得很奇怪，赶紧询问了负责装运的水手，这次的装运与以往有什么不同。水手想了一下对船长说：“这一次与以往有很大的不同。”船长急切地问：“到底有什么不同?”

水手回答："这次装船的时候，由于鱼槽的数量不足，我们只好将鲇鱼和沙丁鱼装在了同一个鱼槽里面。"船长听后恍然大悟，原来鲇鱼是一种生性好动的鱼类，喜欢东游西窜，它们将"死水一潭"的沙丁鱼惊动了。沙丁鱼感觉到异样，为求生存，一改懒惰的习性而紧张地游动着，这样就导致船靠岸的时候，这些沙丁鱼都还是活蹦乱跳的。

以此类推，要管理好团队，管理者可以采取一些非常手段或创造一些竞争的机会，以增强团队的活力。

（二）保持团队成员自我定位清晰

1. 把合适的人放在合适的位置

"没有不合适的员工，只有不合适的安排"。管理大师罗伯特的这句话用在团队管理中，可以理解为每个团队成员都有所长，要想让每个人发挥各自的长处，就要把合适的人放在合适的位置。

戴维·马克斯韦尔在 1981 年开始担任 Fannie Mae 公司（2006 年美国最大的房屋抵押贷款公司）CEO 的时候，这家公司平均每天亏损 100 万美元，有 560 亿美元的贷款无法收回。董事会期待着马克斯韦尔有什么新的战略。

马克斯韦尔从"人"入手，他告知整个公司的管理团队："公司只给追求卓越成绩的员工留位置，且前面的路程很艰辛，如果不想一起上路，说出来，没关系，现在你就可以下车，没有人会责怪你。"最终，26 个管理人员中的 14 人选择了离开，他们的位置由一些更优秀、更敬业的经理代替。

完成了"人"的安排，马克斯韦尔才着手带着他的团队"做什么"，并最终把 Fannie Mae 公司由每天亏损 100 万美元变成了每天盈利 400 万美元。即使在 1991 年马克斯韦尔离开之后，这个团队依然推动着这辆车向前行驶（1984—1999 年），Fannie Mae 公司的股票回报率超过市场平均水平的 8 倍之多。

团队领导者用人亦应如此。只有把合适的人用在合适的位置上，才能使他发挥最大功效，使团队绩效得到大大的提高。

2. 优化团队的整体力量

一个团队需要的不仅是个人能力最优化，更需要整体力量最优化。松下幸之助的“两个轮子”理论：“员工与管理者，是公司车辆上的两个轮子。只有当两个轮子都处于协调、均衡状况的时候，我们才能真正得以生存、发展和繁荣，厂方和员工才能得到效益，两方面本来就是相互依存的。”团队领导者的一个重要职责就是要维护好团队内部的协调，即实现优化组合。

有这样一则寓言：上帝决定把一个刚刚去世的、善良的人送去天堂享福，并为他派了一位天使做向导。在去往天堂的路上要经过两个房间。当天使带着他走到一个房间的时候，他发现房间里面有很多人，每个人都围着一口锅，手持长柄勺从锅里捞东西吃，却因为勺子的柄太长，总也不能把吃食送到自己的嘴里，他们因此心情烦躁、挤得一塌糊涂。天使告诉他：“这里是地狱。”一会儿，他们走到另一个房间，看到的依然是一群围着一口锅并拿着长柄勺的人，但与前面那个房间不同的是，这个房间的人都排着队从容地从锅里捞出吃食，并喂到对面人的嘴里。这样每个人都能用自己的勺子帮助别人，一片幸福祥和。天使对那个人说：“我们到了，这里就是天堂。”

同样的长柄勺、同样的一口锅，有无优化组合结果相差甚远。天堂与地狱的差别就在于此，一个优秀的团队和一个劣质的团队其差别也在于此。

从这则寓言当中我们可以看到，对团队而言，良好的组合是多么重要。同样的团队人员、团队资源，因为不同的组合方式，就会有不同的力量，就能产生出不一样的绩效。

（三）保持团队学习力

20 世纪初，英国的乡村有一套牛奶配送系统，可在顾客起床前将新鲜牛奶送到顾客家门口。由于牛奶瓶没有盖子，山雀与知更鸟常常在顾客开门收取牛奶前，毫不费力地先一步享用。根据顾客反馈，厂商给奶瓶加装了铝制的瓶盖。有一段时间，山雀与知更鸟丧失了“免费早餐”。但到了50年代初，当地的所有山雀居然都会刺穿铝制瓶盖喝奶，而绝大部分知更鸟不会这个技能。

知道山雀喜群居习性的，就不难理解。一只山雀无意间刺穿了奶瓶的铝制瓶盖，品尝到了牛奶的美味，其他山雀亦学之。久而久之，一传十、十传百，山雀就将个体的创新技能通过组织学习的过程，传送给了其他群体成员，增加了团队对环境的适应力。而知更鸟则是排他性较强的鸟类，同类之间基本上是以敌对的方式沟通。因此，虽然两者同属鸟类，但互帮互助的山雀较之互相敌对的知更鸟来说，更能相互学习、相互分享，并不断发展壮大。

打造幸福团队的先决条件就是培养团队成员终身学习的意识，我们在前面一章中具体分析过如何打造学习型团队，此处不再赘述。

（四）保持强有力的团队合作

我们都知道老虎强壮高大，捕猎能力非凡，但是为什么会有“猛虎难敌群狼”的说法呢？

狼，外形像狗，昼伏夜出，常聚集成群，性情凶暴，吃野生动物和家畜等。一旦确定攻击目标，头狼就发号施令，群狼会各就其位，嚎叫之声此起彼伏，互相呼应，有序而不乱。待头狼昂首一呼，群狼就会按照分工有序进行攻击，主攻者会奋勇向前，佯攻者则避实击虚，助攻者从旁嚎叫助阵。如此具有合作精神的团队，难怪会说“猛虎难敌群狼”。

在竞争激烈的现代社会，如何才能产生“$1+1>2$”的效果？如何开展强有力的团队合作？如何达到整体利益大于部分利益之和的效果？这些都是团队需解决的重要问题。

强有力的团队合作既是幸福团队的灵魂，也是团队精神。前面章节中我们讲过，团队精神是个体利益和整体利益的统一，是大局意识、协作精神和服务精神的集中体现，是要让全体成员成为真正的团队而不是群体的重要因素。它要求团队成员人人参与，通过不断完善制度，使团队成员在沟通、尊重的基础上，形成一个团结互助的有机整体，从而为实现团队目标而努力奋斗。

团队的力量远远大于任何一位优秀人才的力量，而且团队精神一旦形成，将是团队取得高绩效的灵魂，也是竞争对手难以模仿的。

参考文献：

[1]王立．幸福的团队才是好团队[M]．北京：中华工商联合出版社，2012.

[2]张镦亓．三角团队：如何打造团队战斗力[M]．北京：机械工业出版社，2009.

[3]周志轩．金牌团队：团队建设与管理实务手册[M]．成都：成都时代出版社，2008.

[4]吴玉良．团队为王：凝聚群体的力量[M]．北京：中国物资出版社，2004.

第五章　情绪管理

第一节　科学认知情绪

一、了解情绪

情绪是对一系列主观认知经验的统称，是多种感觉、思想和行为综合产生的心理和生理状态。关于情绪的定义多达上百种，本书借鉴菲利普·津巴多教授提出的定义，即把情绪界定为一种复杂的躯体和精神变化模式，包括生理唤醒、感觉、认知过程以及行为反应，这些是对个体知觉到的独特情境的反应。为了更方便大家理解这一复杂的概念（涉及生理唤醒、感觉、认知、行为），我们设置一个场景：请你想象一种让你感到快乐的场景，如当你知道考上了自己梦寐以求的大学时的那一刻，你的生理唤醒可能是快速的心跳；你的感觉是积极的；相关的认知过程也是积极的，包括那些使你将该场景界定为快乐的解释、记忆和预期；你的外显行为反应可能是表情上的（开心）或动作上的（给爸妈打电话）。这些对于情绪的说明便是试图将唤醒、感觉、思想和行动的片段整合在一起。

（一）情绪的分类

由于人情绪的复杂性，因此决定了情绪的分类是复杂的和多种多样的。我国古代人民根据已有的知识和经验，在《礼记》一书中把人的情绪划分为“七情”：喜、怒、哀、惧、爱、恶、欲。欧美国家则提出了另外一种划分标准，即把人的基本情绪分为四类：喜、怒、哀、惧。复合情绪则是在基本情绪的基础上组合而来。关于情绪的维度问题，有多种划分方法，但大部分学者都支持情绪的二维划分法，即把情绪划分为两大维度：一个维度为愉快与不愉快，另一个维度为活跃或唤起。这是当前心理学术界普遍接受和认可的关于情绪的二维划分方法。

除此之外，也有人根据情绪状态把情绪分为三类：心境、激情和应激。

心境（mood）是使人的心理活动都染上某种相应色彩的一种微弱而持久的情绪状态。心境与我们平时所了解的心情是一个意思。心境具有以下几个特点：和缓微弱；弥散性，非定向性；持续时间较长；对人的生活、学习和身体健康有很大影响。长期性和弥散性是其典型特征。长期性就是说持续时间比较长，可能持续几个小时、几周或者更长的时间。比如，你期末考试考得比较好，可能一整个暑假都会很开心，这就是长期性的体现。弥散性就是扩散的意思，如心情会影响到别的事物。杜甫的一句诗，“感时花溅泪，恨别鸟惊心”指的是心境、激情还是应激？首先，我们要对这句诗做个解析，它的意思是对乱世别离的悲凉情景，花也为之落泪，鸟也为之惊心。但是，花本来是很美好的事物，鸟的叫声也是很悦耳的声音，为什么会惊心呢？这是作者心境弥散性的原因，也就是心情不好，看到任何事物心情都不好。举个例子，当你心情不好的时候，即使看见喜欢的食物，也不会有胃口。这就是心境的体现。

激情（Intense Emotion）是一种强度比较高、持续时间较短、激烈的情绪状态。比如，足球场上进球瞬间爆发出的欣喜若狂、手舞足蹈的状态。激情具有以下典型的特征：有明显的肢体语言和面部表情；具有激动性和冲动性；持续时间短暂；指向性明显，通常由外部对象引起。它的关键词就是强烈和短暂，这种情绪状态在我们日常生活中很常见。我们在看体育运动的时候会经常发现这种情绪。比如，运动员在百米比赛中得了第一名，他会呐喊、奔跑、欣喜若狂。我们能够发现，这种情绪只是持续十几秒钟，强烈且短暂，这种状态就是激情。

应激（Stress）是在某种紧急和危险的情况下引起的高度紧张的情绪状态。这里面有两个关键词需要把握：出乎意料和高度紧张。这种情绪在我们的生活中也比较常见。比如，新教师走上讲台时的紧张情绪；学生在考试的时候突然头脑空白，什么都记不起来；司机开车时遇到紧急情况的刹车等。这些都是因为面对突发问题时产生的反应，都属于应激。在应激状态下，人可能有两种表现：目瞪口呆、手足失措，陷于一片混乱之中；急中生智、冷静沉着，动作准确有力，及时摆脱险境。整体来说，应激有积极的作用也有消极的作用。

小知识：测谎和测谎仪

是否真的有测谎仪？测谎仪真的可以测谎吗？为什么测谎仪可以测谎？读完下面的内容，你就明白了。

测谎仪又称生理多导仪，大多数高校的心理系都有该设备，是用于记录人在情绪变化时各种生理指标（如心跳、呼吸、脉搏、皮肤电、血压等）的一种科学仪器。测谎的原理是：当个体说谎时情绪可能与非说谎时发生微小的变化，这种变化可以通过几个生理指标被观察到，检测这些变化可反映受试者当时的情绪状态，对答是否真实。

在国外，尤其是美国，测谎技术获得了非常广泛的应用。比如，在司法机关、私人安保、侦探公司、安保部门等，后来进一步拓展到政府机关部门、军队系统等。

既然测谎仪又称生理多导仪，那么它是怎样工作的呢？首先，用于测试个体的生理指标的变化情况。它本身是一种心理学仪器，在心理学实验室里用于研究个体生理、心理变化，如心跳的改变、血压的升高、皮肤电的变化等。测谎其实测的是心理刺激引起的生理参数变化，而不是“谎言”本身。在询问与犯罪相关的问题前，被测者往往会先被问一些与主要问题无关的问题。比如，你今天几点起的床，今天早上吃的什么，你在哪里工作等作为基线，记录下各项生理指标，然后再询问与犯罪事实相关的问题。如果被测者在回答与犯罪事实相关问题时与前面问题的反应差距加大，可能被测者就有一定犯罪嫌疑。

测谎仪一定能发现说谎者吗？这其实是一个比例问题或者概率问题，在历史上测谎仪一无所获的案例不胜枚举。应该说，在获得了足够线索且犯罪嫌疑人被锁定在一定范围内的时候，在这种情况下通过测谎仪的测谎，能够较容易把犯罪分子找出来。可见，测谎仪的使用有较多限制，并不是万能的。毫无疑问，被测者的心理素质会影响测谎的结果，使用者对测谎仪的熟悉程度、掌握的生理和心理学知识的多少，以及测谎者所询问问题的属性等因素，都会最终影响测谎仪的测试结果。

历史上著名的“绿河杀人案”中，虽然由美国FBI亲自操作，但是真正的杀人犯还是通过了测谎仪，被排除在外。当这个案件最终被侦破后，引起了测谎界大讨论。有学者认为，测谎仪之所以不能测出真正的凶手，与“绿河杀手”本身有严重的心理问题有关。当真正的杀手面对测谎仪和FBI的询问时，能够从容应对，平静地说出谎言，且杀人犯在内心深处认为他杀死被害者是自然的事情，没有什么不正当之处。也有学者认为，测谎仪对受过专门训练或者心理素质较强的人来说，并不会起到较好的效果。

近年来有研究证明，90%以上的心理生理学家认为：狡猾的罪犯和间谍可以通过增加对控制问题的唤醒，如咬紧舌头，使他们通过测试。一个更有效的方法是对犯罪细节的关注，因为司法人员在获取了足够的犯罪细节后，只有犯罪分子和警察知道犯罪的具体过程，对犯罪过程的询问更容易激活真正犯罪分子的情绪和生理反应。因为只有真正的犯罪分子才知道具体的犯罪细节，也会更加关注被询问的犯罪细节。比如，当被问及你当初杀人用的是长刀还是短刀时，或者你偷的手机是苹果手机还是三星手机时，只有真正的犯罪分子才会对刀的具体特征及手机的牌子这些细节感兴趣。询问这些细节也更容易激活他们的心理和生理反应，如紧张、心跳加速、血压升高等。而没有杀人或者偷东西的人，对这些细节特征并不会很关注。如果司法人员询问的都是犯罪的具体细节，没有犯罪的嫌疑人必然反应不一样，无辜的人就会被排除掉。

（二）情绪的功能

人为什么要有情绪呢？情绪有什么用呢？如果人没有情绪，就不会悲伤、失望、抑郁，那么情绪真的一无是处吗？想象一下，当人生气的时候会有什么样的情绪反应，如果没有情绪，对你来说会怎样？让我们来看看研究者认为情绪在日常生活中有什么作用。

1. 情绪的动机与激活功能

设想一下下面的场景，你在淘宝买了一件非常漂亮的裙子，这件裙子你非常喜欢，当你收到快递后立刻打开试穿，却发现卖家把颜色发错了，而且发过来的是你非常不喜欢的颜色。这时候你可能会迅速地打快递的电话，安排邮寄换货。你为什么会迅速给快递打电话呢？你会说：“商家给我发错了货，让我生气了，所以我要打电话。”这样我们是不是可以理解为，情绪可以导致我们的行为？是我们行为的动力，对行为有动机或者激活功能。它会引导人们去做某件事情，直到完成这件事情，情绪才会发生变化。

情绪对行为的动机激发功能，还与个体行为的后果有关系。比如，大学生在网络游戏里会产生愉悦感和满足感，因此会出现部分大学生沉迷于网络游戏的现象。之所以一些学生不愿意学习，是因为学习本身是一件很枯燥的事情，很难给部分大学生带来积极的情绪体验。自豪感、满足感、愉悦感等增力的情绪会提高个体出现某种行为的频率。相反，痛苦的、悲伤的、恐惧的消极减力的情绪，则会降低个体某种行为出现的频率，如有恐高症的人会回避较高的场所。

2. 情绪的社会化功能

情绪的社会化功能是指情绪在人际沟通和表达过程中具有信号传递的意义，是言语沟通的重要补充。情绪的社会化功能主要通过情绪的面部表情特征、肢体语言特征和语音语调特征实现。比如，当人愤怒的时候会突然间提高语言的分贝数；当人开心的时候会眯起眼睛等。

在人际交往中，情绪是表达信息的重要途径。比如，当朋友讲他小时候的悲惨经历时，你听到伤心处会流泪，表现出悲伤的情绪。这种流泪和悲伤的情绪会传递给叙述者，叙述者会感受到自己被理解、被倾听和被关注，情绪就会好一些。情绪的这种功能是通过面部表情实现的。这种面部表情具有跨种族一致性，是非言语交际的重要形式。人们可以通过面部表情表达情绪信息和思想愿望。在人际交往的许多场合，人们的思想、情感、愿望、想法等仅靠语言并不能充分表达，因为并不是每个人都有完美的语言表达能力。在现实生活中，很多情况下都是只可意会不可言传。这种情况下，表情就补充了言语的不足。如在课堂上，当老师看到某个学生在玩手机时，就会用一种语调，如突然提高声音，或者一个肢体动作，如，手指指一下起到提示、警醒的作用。在表情当中，面部表情和肢体语言更能突破一些距离和场合的限制，发挥独特的沟通作用。比如，马路两侧的熟人打招呼如果说话听不到时，就可以通过招手和微笑来示意。

3. 情绪的健康功能

有相当多的关于情绪与心理健康关系的研究证明，情绪本身就是一种心理健康疾病，被称作“情感障碍”，包含了抑郁症、躁狂症和双相情感障碍（这三种情绪疾病下一节会详细介绍）。

在中国悠久的历史当中，关于情绪与健康关系的表述不胜枚举。比如，我国古代医书《黄帝内经》中就有“怒伤肝，喜伤心，思伤脾，忧伤肺，恐伤肾”的记载。很多疾病都与情绪有关，如长期的焦虑容易导致肠胃疾病、偏头疼、心脑血管疾病、免疫系统疾病等。有学者认为癌症的发生也与情绪有关系。一项长达30年的追踪研究发现：如果一个人年轻的时候心情抑郁、长期焦虑，那么这个人患结核病、心脏病和癌症的比例是性情沉稳人的4倍。

在人格心理学领域，有种非常重要的人格划分方法，即把人的人格特质分为两类：A型人格和B型人格。A型人格的人做事风风火火，有较强的紧迫性和自信心，遇事容易紧张、容易冲动，效率比较高，喜欢竞争和高强度的工作状态，不排斥压力。B型人格的人做事效率较低，容易拖拉，进取心不足、佛系心态明显，生活工作上与世无争，日常生活信心不足，对任何事皆处之泰然。研究表明，A型人格个体罹患心脑血管疾病的概率明显高于B型人格。

A型人格个体由于长期处于紧张焦虑状态，是心脑血管疾病的高发人群，甚至可能随时发生心肌梗死而猝死。有研究表明，85%的心脑血管疾病与A型人格行为有关。同样，有关研究也表明，A型人格与冠心病的发生密切相关。在心脏病患者中，A型人格达98%。尸体解剖检验证明，A型人格的人，心脏冠状动脉硬化的发生率是B型人格的6倍。

二、高职院校大学生情绪的特点

（一）稳定性与波动性

大学生的情绪具有稳定性与波动性特点。大学生情绪的稳定性是指大学生的情绪在一定时期内具有相对稳定的特点，当引起某种情绪的刺激性事件消失后，所引发的情绪反应会保持较长的时间，并一直对大学生产生影响。比如，当大学生过了英语四级考试时，会表现出开心的情绪，这种愉快的内在感受会在大学生心中持续较长一段时间，会达到一个弥散性效果，使一段时间里大学生整体的心境都表现出正面积极的色彩。大学生情绪的波动性表明大学生由于心理发展尚未成熟，正处于从未成年期向成年期过渡的中间阶段，与成年人相比具有明显不成熟的特征。比如，带有明显的情绪起伏波动特点，部分表现为喜怒无常的特点，容易从一个极端走向另一个极端。

（二）冲动性与复杂性

大学生情感世界丰富，情绪体验强烈，喜怒哀乐常常一触即发，表现出热情奔放的特点，遇事爱恨分明，容易“感时花溅泪、恨别鸟惊心”。这也是大学生的一个优点，具有热情奔放的冲动性特点。心理学家常用“疾风暴雨”来比喻处于这个阶段的大学生这种激情性的情绪特征。这种情绪表现如果在人多场合，如观看体育比赛的赛场往往会变得更激烈，因为大学生还具有群体认同感强、易受环境暗示、受环境气氛感染的特点。这些特点在群体中可以增强一个人的力量感。同时，在群体中由于责任分散，大学生非常容易做出鲁莽冲动的行为。

（三）层次性与阶段性

在大学阶段，个体的情绪还表现出层次性的特点。对于高职院校的大学生，在校学习的三年里情绪发展表现出明显的从不稳定和不成熟逐渐过渡到稳定和成熟的特征。对于刚入学的大一新生来说，他们对大学环境充满了新奇和探索的欲望，表现出十足的探索欲。而到了大二阶段，随着对环境的熟悉和对新的学习方式的适应，新鲜感降低，开始表现出“老油条”的特点，如沉迷网络、追剧，对社团活动的兴趣大大减退，直至大学毕业。

而对于班级里学习成绩优秀、参加挑战赛、拿学业奖学金的学生来说，由于对学习保持着充足的兴趣，乐于从知识、学习、进步中体验生活和学习的乐趣，因此情绪往往表现出更多积极乐观、开放的特点。而对于学业成绩一般、生活学习没有目标的学生来说，内心往往是矛盾的、冲突的，会经常体验到负面的情绪，如苦恼、自责等。

三、关于情商

情商（EQ）通常是指情感商数，借鉴了智力商数（IQ）的概念，也有研究者称其为“情绪智力”。1990 年，这一概念首先由美国耶鲁大学心理学家彼得·萨斯维（Peter Salovery）和新罕布什大学心理学家约翰·梅尔（John Mayer）提出。1995 年，美国哈佛大学心理学教授、《纽约时报》专栏作家丹尼尔·戈尔曼（Daniel Goldman）在总结了大量有关理论和实验结果的基础上写了《情绪智力》一书。书中使用了以与“智商”相对形式命名的术语——情商，主要是指人在情绪、意志、耐受挫折等方面的品质。普遍认为与智商不同，个体之间关于情商不存在先天的较大差异，后天的教育和环境是影响情商的重要因素。提高情商的重要方法是把不能控制的情绪变为可以控制的，从而增强认识自己、理解自己、认识他人、理解他人及与他人相处的能力。

从多年对情商的研究中发现，生活中耳熟能详的情商指的是个体对个人及他人情绪方面的整体管理能力。具体来说，情商包含以下 5 种能力。

①认识自身的情绪。能够了解和监控自己情绪的变化，觉察自己的情绪，并能在生活中利用它做出正确的决定。

②管理和调控自己的情绪。当出现负面情绪时，能通过有效的方式，如认知调节、注意力转移、宣泄、求助他人等方式管理自己的情绪，而不是被情绪左右。

③有效的自我激励。当遇到挫折或者困难时，能够通过有效的自我激励突破困难，挺过难关。

④高情商还意味着对他人的情绪、情感变化具有敏锐的洞察力。能够敏锐地识别他人的情绪，能够站在他人的角度理解他人的感受。

⑤高情商的人往往人际关系并不差。高情商意味着能够有效地处理人际关系。

如果某人具备了以上 5 个特征，就可以认为其具备较高的情商，且情商是可以测量的。

第二节　大学生常见的情绪问题

大学生由于人际关系、恋爱、学习、就业等因素，易出现情绪问题。

部分特殊群体如单亲家庭，性格内向、孤僻，遭受重大挫折的大学生，也容易出现情绪问题。大学生比较普遍的情绪问题表现为抑郁、焦虑、愤怒等。本节我们将介绍以上三种大学生常见的情绪困扰。

一、抑郁

（一）抑郁概述

抑郁是影响大学生心理健康最重要的情绪问题，在当前社会被称为“情感感冒”，具有普遍性及易发性特点。抑郁症患者有一个非常典型的症状表现就是自杀。据世界卫生组织（WHO）预测，到2020年，抑郁将成为全世界引起死亡和残疾因素中的第二位影响因素，仅次于缺血性心脏病。抑郁作为一种负性情绪已成为21世纪影响大学生身心健康和社会性发展的主要危险因素。

抑郁心理状态不仅增加痛苦的心理体验，也将给人的身心健康和学习生活带来很大的负面影响，特别重度抑郁是导致自杀的重要因素之一。抑郁影响大学生的认知方式、正常的学习和交往活动，与吸烟和攻击等不良行为密切关联。

人们在遇到压力、挫折等情况时，不少人都会有抑郁情绪产生，那些抑郁情绪持续时间比较短，通过自我调节可以得到缓解的属于正常的情绪波动。然而，有一些抑郁情绪在持续时间和严重程度上都与正常的情绪波动大为不同，甚至有一些抑郁情绪没有明显的原因，这样的抑郁情绪发展下去就会逐渐产生抑郁问题甚至患抑郁症。

要研究大学生抑郁问题，明确抑郁的分类是关键。一般认为，抑郁问题分为三类：第一类是抑郁情绪，是指一个人心境低落的情绪状态。每个人都会有抑郁情绪，如日常生活中我们常听到身边的人讲“郁闷”“烦躁”“别理我、烦着呢”等，实际上这些都是抑郁情绪的代名词。但这种情绪无须治疗就会自动消失。第二类是抑郁症状。抑郁症状是介于抑郁情绪与抑郁症之间的一种情绪状态，其特点是具有许多由抑郁引起的身体不适症状，这些症状虽然符合抑郁症的诊断特征，但还不能被诊断为抑郁症。第三类是基于临床诊断的抑郁症。抑郁症又称抑郁障碍，以显著而持久的心境低落为主要临床特征，是一种抑郁的严重状态。抑郁情绪和抑郁症状是大学生存在的主要抑郁问题。

抑郁情绪、抑郁症状和抑郁症反映了三种层次的抑郁问题，这三种层次也进一步反映了大学生抑郁的发展层次。许多大学生由于学习和人际关系压力、激素水平波动等一系列因素影响而体验到抑郁情绪的短期升高，对于有些人而言，正常的情绪会得到自然的恢复，但是有些人的抑郁情绪则持续时间较长。如果抑郁情绪继续加剧就有可能转化成明显加重的抑郁症状，在存在抑郁症状的学生中，有小部分人可能发展成为抑郁症。抑郁症作为一种心理障碍并不是都由抑郁情绪和抑郁症状加重发展而成，也有由遗传因素和神经生物因素等其他因素导致的。

（二）抑郁症的诊断

关于抑郁症的诊断，目前主要有两大诊断系统：世界卫生组织（WHO）发布的国际疾病分类（ICD）（目前已经更新到第 11 个版本，即 ICD－11），是目前国际上使用比较广泛的疾病分类标准；除了 ICD－11 外，美国 DSM－5（《精神障碍诊断与统计手册》第 5 版）是当前关于精神疾病诊断使用最普遍的另一套标准，是由美国精神医学学会（APA）发布的一套精神疾病诊断系统。本书以 DSM－5 为例，介绍关于抑郁症的诊断标准。

①在同一个 2 周时期内，出现 5 个或以上的下列症状，表现出与先前功能相比的变化。

a. 几乎每天和每天的大部分时间都心里抑郁，既可以是主观的报告（如感到悲伤、空虚、无望），也可以是他人观察到的（如表现为流泪。注：儿童和青少年可能表现为心境易激惹）。

b. 几乎每天和每天的大部分时间，对于所有或几乎所有的活动兴趣或愉悦感都明显减少（既可以是主观陈述，也可以是观察所见）。

c. 在未节食的情况下体重明显减轻，或体重增加（如一个月内体重变化超过原体重的5%），或几乎每天食欲都减退或增加（注：儿童则可表现为未能达到标准体重）。

d. 几乎每天都失眠或睡眠过多。

e. 几乎每天都精神运动性激越或迟滞（由他人看得出来，而不仅仅是主观体验到的坐立不安或变得迟钝）。

f. 几乎每天都疲劳或精力不足。

g. 几乎每天都感到自己毫无价值，或过分地、不适当地感到内疚（可以达到妄想的程度，并不仅仅是因为患病而自责或内疚）。

h. 几乎每天都存在思考能力减退或注意力不能集中，或犹豫不决（既可以是主观的陈述，也可以是他人的观察）。

i. 反复出现想死的想法（而不仅仅是恐惧死亡），反复出现没有具体计划的自杀意念，或有某种自杀企图，或有某种实施自杀的特定计划。

② 这些症状引起有临床意义的痛苦，或导致社交、职业或其他重要功能方面的损害。

③ 这些症状不能归因于某种物质的生理效应或其他躯体疾病。

（三）大学生抑郁的原因分析

长期以来，心理学、社会学、遗传学等学科的学者们有专门致力于抑郁问题的研究，对于抑郁问题的产生，目前也已经有了不少认同度较高的理论解释。当前普遍认为，人格易感性、认知歪曲、成长经历、家庭环境、压力应对方式、个体经历的重大生活事件、社会支持的缺乏等因素，可能是造成抑郁的重要原因。国内研究积累的大量数据表明：在家庭因素方面，合理的父母教养方式、良好的家庭氛围与较低的抑郁水平相关；在大学生自身方面，积极的自我概念与抑郁显著负相关。此外，大学生在面对压力或者挫折时，不同的应对方式对大学生抑郁均有显著影响。

在关于抑郁症的各种理论中，较有影响力的是认知理论、归因方式。认知理论认为，个体思考问题的方式、对事件的解释、归因方式会影响抑郁情绪。该理论认为，抑郁症的病因学是由两方面因素决定的：一是认知因素，即个体在遇到压力或者生活事件时，对事件的认知或者解释；二是社会应激因素，即个体会遇到重大生活事件，如地震、重大疾病、失恋、适应障碍等，个体对事件的认知因素与应激性生活事件以一种交互作用的方式影响个体抑郁症的发生、发展。

归因方式理论认为，个体遇到外界事件后采用的归因方式的某些特征是导致其抑郁的因素之一，如果一个人倾向把个体所经历的负性生活事件原因归结为自身的、持久的和整体的，而把正面的、积极的事件的原因解释为他人的、暂时的和局部的，则个体这种不良的归因方式容易导致抑郁症的发生；而具备相反归因模式的人则表现出较低的抑郁症的可能性。相关国内研究也表明，抑郁症患者普遍采取消极的自我归因方式，把负性生活事件的原因归结为自我的、稳定的、普遍的因素。

二、焦虑

（一）焦虑概述

焦虑被认为是人类为适应环境发展出来的一种基本情绪，是一种对新异的环境和潜在的不期望结果的一种生理反应和应激状态。也就是说，焦虑是对事物的一种不适感或者说不愉快感，通常也伴随着紧张、不安、担心、忧虑等情绪。焦虑是对模糊的、不确定的、无法掌握的刺激的一种无力感和受挫感。焦虑也是一种正常的情绪反应，是个体日常生活中强烈的紧张不安情绪。焦虑在临床上不一定伴随着病理情绪。当人们应对突发状况时，适度的焦虑具有十分重要的作用，它能促进大脑兴奋性，使人处于应激状态，能够对复杂环境做出迅速的反应。而当焦虑具备了某种病理性特征，且已经严重影响日常生活、学习的时候，才称其为“病理性焦虑”。适当的焦虑能够提高人和动物的反应性和兴奋性，具有积极意义。然而，过度的焦虑会严重干扰个人的社会生活，会使人们患得患失，并且严重时会导致心理和生理上的双重折磨。

焦虑一直以来都是心理学研究的热点，因此对它的研究因研究者的研究角度和研究方法的不同而略有差异，但总的来说，学者们对焦虑的理解有很多相似和共通之处。首先，焦虑是一种情绪反应，是个体在面临其不能控制的情景或事态时的情绪体验，这种情绪体验通常是持久的、强烈的。其次，当个体意识到自己有消极的情绪体验和躯体化反应时，往往不会立即意识到焦虑产生的原因，或自身正处于焦虑状态。所以，当个体产生焦虑的时候，会伴有各种负性情绪的出现和对未来的恐惧及对不确定因素的不耐受性。最后，焦虑的个体会在情绪体验、外部行为上产生变化，如坐立不安、抖腿、情绪激动等。总而言之，焦虑是一种持久的、强烈的消极情绪体验和感受，并伴有相应的生理性紧张和对未来的忧虑。

焦虑可分为状态焦虑和特质焦虑。状态焦虑持续时间较短，是个体的一种短暂的不良情绪体验，如考试要来了，暂时感受到的恐惧和忧虑都属于状态焦虑。特质焦虑是一种多方面的性格特征，包含社会评价、身体状况、个人志向和日常情况等，是一个人在面对压力情景时表现出来的倾向。简单来说，状态焦虑是一种临时的不适状态；特质焦虑持续时间较长，是一种非特定时刻、非特定地点的持续时间长的习惯性体验。比如，“我通常感到很焦虑”，这种焦虑是一个人的性格特征，并不属于特定的时间和地点。

当前，大学生常见的焦虑有广泛性焦虑、社交焦虑、学习焦虑（如英语学习焦虑、数学学习焦虑、图书馆焦虑等）、考前焦虑、外貌焦虑等。

（二）焦虑症的诊断

美国 DSM－5（《精神障碍诊断与统计手册》第5版）关于焦虑症的诊断标准如下。

① 在至少6个月的多数日子里，对于诸多时间或活动（如工作或学校表现），表现出过分的焦虑和担心（焦虑性期待）。

②个体难以控制这种担心。

③ 这种焦虑和担心与下列6种症状中至少3种有关（在过去6个月

中，至少一些症状在多数日子里存在）。

a. 坐立不安或感到激动或紧张。

b. 容易疲倦。

c. 注意力难以集中或头脑一片空白。

d. 易怒。

e. 肌肉紧张。

f. 睡眠障碍（难以入眠或保持睡眠状态，或休息不充分、质量不满意的睡眠）。

④这种焦虑、担心或躯体症状引起临床意义的痛苦，或导致社交、职业或其他重要功能方面的损害。

（三）大学生焦虑的原因分析

关于焦虑的原因，不同学科领域的专家观点不一。当前，人们普遍接受的影响焦虑的因素主要可以概括为以下四点。

（1）环境因素。

剧烈变化或未知的充满风险的新环境对人的影响很大。此时，个人的惯常行为方式无法适应这一特殊情景，易使人感到焦虑。

（2）意外刺激。

比如，失去挚爱或遭受失败等。意外的天灾人祸会引起紧张、焦虑、失落感、绝望感，认为自己一切都完了。

（3）精神因素。

精神分析理论认为，个体的焦虑主要源自本我与自我的冲突，是压抑的结果。行为主义观点认为，焦虑是一种习惯性行为，由于导致焦虑刺激和中性刺激之间的条件性联系使条件刺激泛化，形成广泛的焦虑。还有学者提出，焦虑症与遗传关系密切，先天因素、基因因素，父母一方或者双方如果是容易焦虑的人，他们的孩子就容易表现出焦虑的特点。在遗传的基础之上，一旦产生较强的焦虑反应，就会通过环境的强化或自我强化，形成焦虑症。

（4）性格认知因素。

焦虑症的发生离不开个体的性格基础，对于内向自卑、敏感多疑、谨小慎微的个体来说，当遇到挫折或者困难的时候，容易紧张焦虑，情绪产生较大波动。对于有完美主义倾向的个体来说，如果事情不能满足其需要，就会遗憾万分、心情烦躁，老担心出问题，整天紧张焦虑。

在以上四个因素中，环境因素对人的情绪影响是最大的，不论是社会环境、家庭环境、学校环境还是自身生理和心理环境，都对人的情绪影响很大。所以，环境因素是引起焦虑的最为重要的因素。

三、愤怒

（一）愤怒概述

愤怒是人的一种基本的负性情绪。根据著名心理学家马斯洛提出的需求层次理论，人类具有五种层次的需求。当我们的需求得不到满足或者被剥夺时，愤怒就会随之而来。可见，愤怒情绪与需求满足与否有关系。因此在日常生活中，愤怒的一个很重要的意义就在于，它提示我们：我们的需求没有被满足或者遭到了剥夺。当人们对自己或者对他人，或者对环境感到愤怒和不满时，这些情绪实际上是在暗示某种潜伏的需求。所以，如果在日常生活中一味地控制和管理自己的愤怒，那我们有可能丧失觉察和满足自己需求的能力，并且变得日趋压抑。据此，可以把愤怒定义为当愿望不能实现或为达到目的的行动受到挫折时引起的一种紧张而不愉快的情绪，体验到这种情绪时个体往往会出现攻击行为、不可控制的冲动以及相应的生理唤醒。在心理学中，称愤怒为“被遗忘的情绪”，因为它一向被研究人员忽略，特别是与关于焦虑、抑郁的研究相比较。

情绪包括独特的主观体验、外部表现和生理唤醒三种成分。愤怒作为一种基本情绪，也不例外。在主观体验上，表现为从轻微到剧烈等不同强度的连续愤怒情绪状态；在外部表现上，主要表现有脸红，眉毛向内收缩和下垂，鼻孔扩张、鼻翼向两边扩展，口张大成方形或牙齿咬紧，下田收紧，视觉注意集中在一个目标上。同时，还会表现出一些攻击性的肢体行为，如肩膀和整个上身向前倾；愤怒的生理反应，包括心率、血压、肾上腺素和去甲肾上腺素的升高等。

愤怒作为一种基本的负性情绪，具有一般负性情绪的普遍特征，但与其他情绪情感相比也有其自身的特征：其一，愤怒情绪是一种离散的情绪，有其自身独特、可识别的表现方式，具有具体的心理成分。与一般的消极心境（微弱、弥漫性、持续时间较长）相比，愤怒情绪在持续时间上较短暂，在唤醒水平上更强烈。其二，愤怒情绪是一种社会情绪，在个体的社会交往中，他人对自己的不公平对待、攻击或对自己目标实现的阻挠均可能引发愤怒。因为愤怒一般由他人行为引发，所以具有较明确的指向性。其三，从目前研究来看，愤怒情绪有状态怒与特质怒之分，其中状态怒是由情境引发的心理、生理变化和主观体验，从恼怒到暴怒等有不同的强度，一般伴随着自主性神经系统活动的唤醒，如心率加快、汗液分泌增加等，同时会伴随着认知的歪曲或缺失；特质怒是指在各种情境中都有体验愤怒情绪的倾向，高特质怒个体愤怒情绪诱发的阈限低，对于竞争、拒绝和不公平更容易产生愤怒。根据愤怒表达方式的不同，可以把愤怒分为三类：内向怒、外向怒以及愤怒控制。内向怒是指愤怒这种负面情绪指向自己的愤怒形式。现实生活中有人经常压抑自己的愤怒，把愤怒指向自己，亦即中医所说的郁怒，这种愤怒方式会对身体造成不利影响。外向怒是指愤怒情绪指向外部的愤怒形式，包括通过面部表情、肢体语言、言语等方式表达自己的愤怒情绪。愤怒控制是指在状态怒情境下，个体使用认知策略以降低愤怒情绪、减少攻击行为。此外，根据控制愤怒方式的差异，又可以将愤怒控制分为愤怒外控与愤怒内控两种。愤怒外控，即对外向怒的控制，指个体控制将愤怒向外表达的程度；而愤怒内控是对内向怒的控制，指通过平静或放松来控制自己内在的愤怒体验。

（二）大学生愤怒的原因分析

大学生为什么愤怒？心理学家认为，愤怒是一系列即性心理对事物评价的结果，事物必须具备以下条件才受到评价：很不希望发生的，故意的（由与我们相违背的意愿造成），与我们的价值观相违背，可被生气反应测量。有研究者发现，大部分情况下与个体本人交往较为频繁的亲密朋友和熟识的人常常是个体愤怒情绪的引发根源；与之相对的，与个体本人较为疏远的厌恶者或陌生人引发个体愤怒的情况只占了很小的比例。研究结果表明，约 24% 的个体对高于自身地位的人产生愤怒，而 76% 的个体对低于自身地位的人产生愤怒；个体遇到能够引发如挫折、烦恼、不公平、侮辱等刺激情境时会导致个体的愤怒情绪。主要有四种事件容易诱发愤怒情绪，一是突然失去本身所具有的权力、地位或被人侮辱；二是事情的发展不若原本计划，违反了个体期望；三是个体在朝某一目标进行的行动中受阻；四是遭受来自身心痛苦的某种威胁。研究者曾对各个年龄阶段和各种背景的被试者进行调查，发现有 10 种能引起人们愤怒的刺激情境：某种恶意破坏的行为，被贬低或遭遇不平等的对待；偏见、不公平和不亲切，被看作不真诚的人，个人的自我存在、主观感受或私有物品不被重视，受到来自重要的人的忽视或伤害，由于他人对个体自身的疏忽而受到伤害，他人行为所透露的漠不关心的态度，遭受语言或人身攻击，成为牺牲者。

第三节　大学生情绪管理方法

当前社会人们的压力越来越大，对于大学生来说，抑郁、焦虑已经成为全世界的普遍性问题。教会学生管理情绪的科学方法，不管是对学生的学习还是未来的工作生活，都有重要意义。关于情绪管理，关键是在觉察到自己的负面情绪后，通过各种不同的方式调整认知、情绪或者行为的表达方式，从而使我们维持良好的精神状态，维护身心健康。情绪管理的本质是，通过一定的方式和策略，改变个体主观体验、生理激活、行为反应。大学生常见的情绪管理方法主要有以下几个方面。

一、转移注意力

这种方法又称分心法，是指个体遇到不良的情绪反应时，头脑中有一个较强的兴奋灶被激活，此时如果个体通过主观努力另外建立一个或几个新的兴奋灶，便可抵消或冲淡原来的优势中心。该方法是大学生普遍使用的一种便捷有效的情绪管理方法。关于建立兴奋灶，对于大学生来说主要有体育运动、重新聚焦和心理训练三种方法。体育运动如可以通过瑜伽、跑步、打球、爬山等方式转移自己的注意力。运动的时候，身体就会发生生理变化，这种生理变化可以影响和改变情绪体验，尤其当个体体验到较强的负面抑郁情绪时，如果可以进行体育锻炼，身体会释放一种称为“内啡肽”的化学物质。这些内啡肽与大脑中的受体相互作用，可以减少个体对疼痛的感知。通过运动也可以使个体更加自信。重新聚焦，是指对周围环境给予更多注意资源（尤其是积极信号），以此来分散自己的思维。如当你走在路上时，可以观察路边开着的一朵小花、路上牵手的情侣等。注意身边常见的事物、事件即可，只要能吸引你的注意力就行。心理训练的方法有一定要求，当有不良情绪反应时，可以通过想象的方式，想出让自己感觉比较愉悦的场景、画面、诗、人、愉快的旅行等，个体的想象力越丰富，对情景的想象就越精细，就越容易达到分心的作用。

二、适当宣泄

关于不良情绪，普遍的态度是宜疏不宜堵，压抑情绪虽然也能在一定程度上解决问题，但是从精神分析的角度来说，它也是神经症的根源。在心理学上，常用的宣泄手段有倾诉及行为宣泄等方法。倾诉主要是指把心里想说的话或者压抑的情绪都说出来。与一般的聊天沟通不同，倾诉往往是更深层次的沟通交流。对于大学生来说，特别是失恋和遇到其他挫折的人，往往非常需要倾诉。行为宣泄，如我们熟知的呐喊、打沙包或者使用情绪宣泄设备进行宣泄等，较之其他的方法使用更加广泛。如果一个人经常不能正常表达自己的情绪，就极易发生心理问题，常见的如焦虑症、神经症以及精神病等。

举个例子，假如你约一年未见面的高中同学看电影，他迟到了半小时，这会让你很生气。而生气只是一种愤怒的情绪，如果一个人经常压抑自己的愤怒，迟早会有爆发的一天。在这种情况下，你可以一种合适的方式告诉他你的不快，比如："都过了半小时了你都没来，我挺担心你在路上出意外的。"用表达"好担心"的方式，把你的不满传达给他，让他知道他的迟到给你带来了不好的感受。这是一种比较恰当的表达自己愤怒情绪的方式。我们举一个不恰当的表达方式，如高中同学赶到后，你对他说："你这人怎么回事啊，迟到这么久。"每个人迟到肯定是有原因的，当你用有攻击性的方式表达你的情绪时，同样也会激发他的攻击性情绪，他就会本能的反驳你："现在这个时间点，路上堵死了，你怎么就偏偏约在这个地方呢?"如此一来，两人都处于激动状态，都不愿意站在对方的角度考虑问题，本来是一次愉快的老同学见面，却变成了一场争吵。以合理的方式宣泄情绪是一门艺术，需要用心去体会、揣摩。

三、渐进式放松

渐进式放松也称松弛疗法，是一种逐渐的、有序的通过使肌肉先紧张后放松来控制自己的心理、生理活动，从达到减轻或者消除各种不良的身心反应的方法。渐进式放松是依据身体和心理相互影响的理论，在安静的环境中，个体通过暗示调动自己的注意力，深呼吸及全身肌肉的紧张和放松，达到缓解肌肉紧张，降低身体愤怒、焦虑、紧张水平和状态的疗法。

1. 呼吸放松法

毫无疑问，呼吸放松法就是通过调节呼吸频率改善和缓解情绪体验的一种方法，这也是大学生常用的一种方法。大学生经常出现这样的现象，如上台演讲之前，出现心跳加快、紧张焦虑的情形，这时可以使用呼吸放松法，深深地吸气、慢慢地呼气，保持每分钟 5 ~ 10 次的节奏，同时给自己一个积极的心理暗示“放松、放松”，会较快地调整心跳频率，这样身体和心理的紧张焦虑状态就会大大缓解。要注意呼吸的频率不能太快。深呼吸时要感觉自己腹部陷进去，即我们所说的腹式呼吸法，然后慢慢地吐气。

2. 肌肉放松法

肌肉放松法又称渐进式放松法，是一种通过肌肉的放松来对抗身心紧张、焦虑的常用方法，与系统脱敏疗法相结合，可治疗各种焦虑性神经症、恐怖症，且对各系统的身心疾病都有较好的疗效。

躺在床上或者以一个舒服的姿势坐在椅子上，闭上眼睛（人们接收到的70%的信息来自视觉，闭上眼睛可减少环境信息的干扰），做3次深呼吸，深深地吸气，慢慢地呼气，频率同样保持在每分钟5~10次。从头到脚或者从脚到头逐步放松。这里以从脚到头为例，首先把注意力放在脚趾上面，使脚趾的肌肉紧张5~7秒钟，感受这种肌肉紧张的感觉，紧接着调动自己的注意力，使紧张的肌肉放松，并感受肌肉放松的感觉，使每个部位的肌肉紧张放松两次，依照脚趾、脚背、脚跟、脚踝、小腿、大腿、腹部、腰部、双肩、脖子、嘴巴周围、面部、耳朵、眼睛周围、额头、头顶的顺序进行。一个部位的肌肉紧张时，保持其他部分的肌肉放松。渐进式放松时需要尽量找安静的环境，如果记不住流程可以在网上寻找渐进式方式的音频资料，在音频的指导下完成。渐进式放松训练既可以消除身体的紧张僵硬状态，也可以减轻心理的紧张感、焦虑感，缓解身心压力。

四、体育锻炼

我国高校干预大学生心理健康的普遍措施是设置了心理咨询中心，但是此类举措过于被动，成效并不显著。更好的办法应该是激发学生的积极主动性，用让人更容易接受的方式防治抑郁症等心理健康问题。对于有抑郁情绪的大学生来说，运动是一种非常好的改善抑郁的方法。相关研究发现，经常参加运动可以使人心情舒畅，缓解心中郁结，同时可以促进多巴胺、5－羟色胺等神经递质的释放，改善抑郁、焦虑的情绪。此外，运动可产生一定水平的神经营养因子，增加幸福感。综上，运动对身体机能运作的影响显而易见，能够让人通过运动有效地疏导抑郁情绪。因此，学校应增加体育锻炼的时间，并建立学生运动指导部门，为大学生正确安全的体育锻炼提供良好的保障与服务，使大学生找到自己喜爱并且适合自己的运动方式，从而解开心中郁结，恢复身心健康水平。

体育锻炼可以改善愤怒、焦虑、抑郁的情绪感受，尤其对于抑郁症患者，医生都会建议其参与体育运动，如骑自行车、打球、慢跑、瑜伽等，除了可以提升抑郁症患者的愉悦感和控制感外，还可以使抑郁症患者的注意力转移、降低紧张程度等，从而达到改善情绪感受、增强自信心、改善睡眠的目的。由于抑郁症患者的运动动机能较弱，因此如果能够找到一个小伙伴，两个人一起运动，既可以克服惰性，又可以相互监督提高动力。但并非所有的运动都能达到改善情绪的目的，因为只有运动达到一定程度，身体内部改善情绪感受的内啡肽才能有效分泌。在时间的把握上，每次超过半个小时是专家普遍认可的时间长度。对于中度抑郁症患者来说，如果能够坚持有氧运动 3～5 周，其抑郁症状可以减缓一半。运动时间超过 8 周及以上时，更容易使患抑郁症的大学生产生积极的运动体验，增强自信，减轻抑郁水平。而且，运动必须遵循一定的原则，否则会起到负面作用，打击自信。方法不当还可能导致运动损伤、拉伤肌肉等。

首先，要遵循循序渐进的原则。运动的第一周可以运动两次，慢慢达到每周三次、四次、五次。从每次运动的时间来说，可以从 10 分钟、20 分钟，逐渐过渡到 30 分钟。如果刚开始就计划每周运动 7 天，每天 30 分钟以上，对抑郁症患者来说无疑是雪上加霜，很容易因为做不到而放弃。不但起不到改善情绪的目的，而且打击了自信。其次，可以分时段练习。对于抑郁症患者来说，一次完成所有计划的压力较大，容易产生畏惧心理。可以借鉴一食多餐的道理，采取量少而形式多样的运动形式。比如，15 分钟自行车，稍微休息一下再进行 15 分钟慢跑。最后，要选择自己喜欢的运动。运动的种类很多，自行车、游泳、慢跑、瑜伽等都能起到改善情绪的目的，但一定要选自己喜欢的，这样才能坚持长久。如果看别人做什么运动自己就模仿别人，是不可能坚持太久的，所以兴趣很重要。如果有条件参加团体运动项目，也是一个不错的选择。因为在团体运动项目中，除了锻炼身体、改善情绪外，还可以加强人际交往，增强自信。

第四节　一种针对性的情绪问题调节技术——CBT

我们每个人每时每刻都在体验着不同的情绪。情绪和我们的生活息息相关。我们所有大大小小的心理问题似乎都始于情绪，或者说最初表现的也是情绪问题。而解决这些问题的终极目标，也是归于情绪，也就是获得心里的宁静。

曾经有篇文章将人分四类：第一种，主观客观都不成功；第二种，客观成功主观不成功；第三种，客观不成功但主观成功；第四种，主观客观都成功。这里所说的客观成功是指拥有诸如财富、地位、名声等大众认为成功的要素，而主观成功则是无论处于怎样的境况中都能自得其乐，即使生活清贫、体弱多病，却依然能有平静如水的心态。

我们无论向外部世界求索什么，最终都是在满足自己的心里欲望。如果尘世间的一切财富堆积起来，也无法给你带来宁静、愉悦、平和，你依然处于焦虑、困惑、痛苦、无奈等种种情绪中，那么你所拥有的别人眼中羡慕的一切将会成为你的生命无法承受的负担。这样的成功，对于你自身而言，不是真正意义上的成功。由此，人生中最重要的一样东西就是心里的宁静。所以，管理好自己的情绪对我们来说很重要。

一、CBT 概述

认知行为疗法（Congnitive - Behavior Therapy，CBT）是一种通过改变不良认知、思维或信念，达到消除不良情绪和行为的短程高效的心理治疗方法。该疗法的理论基础为，当个体面对一个情境的时候所产生的不良情绪并不是由情境本身直接决定的，而是由个体对情境的态度、看法或者解释决定的，如果个体可以改变对情境的认知，就会改变体验到的不良情绪或者后续采取的不良行为。人的认知或者思维对其情绪和行为具有决定性作用。针对个体错误、歪曲或紊乱的认知问题，通过改变个体对自己、对人、对事的看法与态度，可以改善所呈现的心理问题。

CBT 咨询的目的在于矫正消极的自动式思维和潜在意识或信念的混乱，从而改变个体对特定相关问题的情绪和行为模式。

在心理咨询研究领域，CBT 是应用广泛的技术之一。CBT 不仅是心理咨询中重要的咨询方法，也是心理疗法中应用广泛的治疗技术，同时还是基于心理疗法研究证据应用最为广泛的研究形式。国外众多临床研究已经证实，CBT 对健康问题具有积极作用，尤其是与情绪相关的心理问题。

CBT 研究领域较为广泛，涉及抑郁症、焦虑症、失眠、物质滥用、人格障碍、惊恐障碍、广场恐怖症、社交恐惧、强迫症、婚姻问题、家庭问题、病理性赌博、愤怒和敌意、疼痛、躯体形式障碍、慢性疲劳综合征等多个领域。

二、CBT 的工作原理

CBT 的关键概念不是事件本身影响了我们的情绪和行为，而是我们对事件的看法影响了我们的情绪和行为。我们用一个例子来证明这个概念。张同学和他的朋友约了 18：00 在麦当劳一起吃饭，现在已经 18：15 了他的同学还没来，电话也打不通。张同学对这件事的反应是什么呢？张同学是一个容易焦虑的人，他认为高中同学在路上出车祸了，所以一直不停地打电话，对于自己不能赶过去帮助同学而越发地感到恐慌，根本吃不下东西，也没兴趣吃东西。李同学是一个比较乐观的人，认为他的同学可能是忘了约会时间了，自己会感到很生气，于是点了一份麦当劳先吃了。可见，同样的情景，不同的人因为不同的解释，产生了不同的情绪和行为反应，亦即结果取决于当事人如何解释迟到这一情境。这就是 CBT 的基本原理，见图 5 - 1。

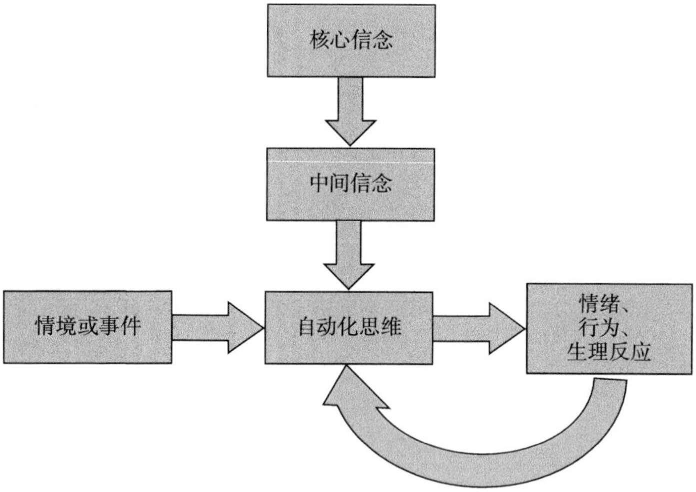

图 5－1 CBT 认知模型

认知模型认为，个体的情绪、行为以及生理反应受个体对事件解释的影响。当个体遇到某个特定事件时，个体感受和体验到的情绪以及行为与对情景的理解和想法有关。这些理解和想法直接受到人们的核心信念和中间信念的影响。可见，是理解和想法而不是情境和事件本身影响我们的反应。这些中间信念和核心信念源自童年时期的经历，个体会认为这些信念是绝对真实和正确的，如“我数学不好”，因此每当涉及数学或者要算数时，核心信念“我数学不好”就会跑出来。当个体深信这一核心信念时，就会带着这一信念的“有色眼镜”看世界，而这种视觉可能是不正确的（我的数学可能并没有那么糟糕）。

这些信念是关于自己的、他人的，以及我们基于成长经验在童年期建立起来的关于世界的看法。对于核心信念，我们要明白它们是很基础的、隐藏很深的，它们被人们看作是真理，就像事情本该如此一样。我们回到上面的例子来理解这些信念。张同学很有可能抱有这样一种核心信念，“我是一个不幸的人（关于自己）”“厄运会发生在我身边的人身上（关于他人）”“世界是危险的（关于世界）”。在这个核心信念与他的自动化思维（我的朋友出车祸）之间，可能还有一系列的中间信念。中间信念由态度、规则、假设三类构成，如“我必须好好学习（态度）；如果我学不会，最好放弃（规则）；如果我学习成绩不好，我就是个没用的人（假设）”。核心信念影响中间信念，中间信念影响自动化思维，自动化思维影响个体的感受、行为和生理反应。自动化思维的改变会使症状发生较大变化，但是如果核心信念没有被撼动的话，症状的改变是暂时的、不彻底的，所以要尽早辅助个体修改中间—核心信念。一旦个体开始这样做，就会倾向于更具建设性和合理的眼光来分析未来的情境及问题。

在认知模型中，刺激是由一个情境或者事件以及人们对情境或者事件的解释组成的（如辅导员老师让我放学后去趟办公室，我心里想，辅导员老师是不是知道我逃课的事情了）。关于个体对情境的反应，主要涉及三个方面：情绪的、行为的和生理的。当张同学自动化地认为他的朋友在去麦当劳的路上发生了车祸时，会感到担忧（情绪），一直不停地打电话给朋友以确定他的安全（行为），同时有各种生理症状产生，如颤抖、出汗、心跳加速（生理）。所有的这些反应都源自张同学对一个情境的解释，尽管这个情境可以有许多不同的解释。

三、认知三角

三角形的每个点都会影响其他两个点，所以要考虑三点之间的相互影响：要从循环运动或流动（可从任意一点往任意方向）的角度看问题，并用这个角度评估某一个情形（或某一时刻）的前因后果，认识到人是一个拥有着想法、感受和行为的媒介，不管是认知、行为或者想法任何一方面的改变，都会引起另一个系统的变化。人们渴望感觉变好，但是感觉很难直接改变，直接的改变由行为和想法产生。在认知行为疗法中，这个循环的改变始于人们主动选择改变行为和想法，这样会影响其感受的变化。这个循环的积极改变使人体验到成功，成功促使人进一步采取行动，从而继续这一循环，认知循环见图 5 – 2。

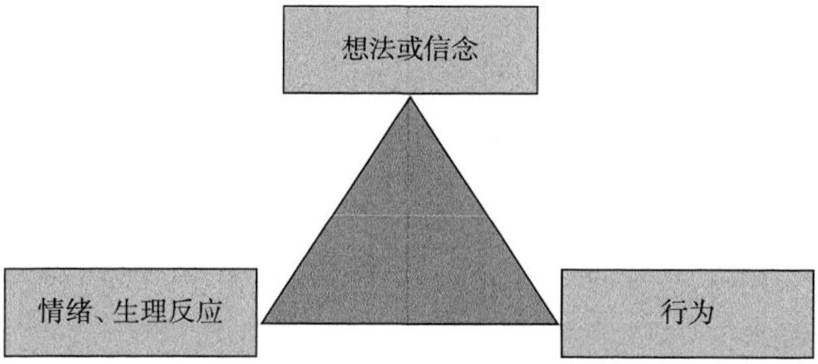

图 5-2 认知三角

四、CBT 的关键技术

（一）认知重建

认知行为治疗的关键是寻找和发现自动化思维（认知歪曲）。可以通过很多方式识别和发现自动化思维，其中一种常见的方式是：当情绪发生变化时，如变得伤心、紧张或者愤怒时，告诉自己“我刚才在想什么”，可能大脑中的想法是“我学不会英语了”“我试了也没用的”“他一定是出车祸了”。当找到自动化思维后，就可以采取认知重建技术改变歪曲的思维。认知重建主要通过对非理性思维进行质问来发现自动化思维不合理的地方。这里我们仍然以张同学的例子来说明。

对于朋友的迟到，张同学的自动化思维仍然是认定他的朋友发生了可怕的车祸。但是，如果教他运用一些新学到的认知行为疗法技术，他就能对自己的这些想法进行质问了。可以问自己下面几个问题。

①有什么证据证明这个自动化思维是真的？有什么证据证明它是假的？

②有没有不同的解释？

③最坏会发生什么？我能否承受？最好会发生什么？最理想的结局是什么？

④如果我相信这个想法会怎么样？如果我改变这个想法会怎么样？

⑤我该做什么？

⑥如果我的好朋友遇到同样的情况，我会怎么跟他/她说？

通过对这些关键问题的回答，张同学很快意识到自己之前下的结论过于草率，他的朋友不太可能死掉。而且，张同学还认识到朋友的迟到可以有很多解释，可能只是走得慢了，可能迷路了，可能临时有些事情来不了，可能手机忘记开机了。这些现实的想法会引起一个完全不同的行为反应。张同学决定给朋友发一条信息，说自己先吃东西了，让朋友回电话告诉他发生了什么事情。与在麦当劳门口不断地打电话给朋友相比，这显然是一种截然不同的行为结果。同时，张同学还会产生不同的情绪和生理反应。如果他开始吃东西，可能就会平静、放松下来，而不再感到极度的焦虑。

以下是常见的认知歪曲，这些作为自我成长的认知工具，是很有用的。

①非黑即白（极端化思维）：以全或无的两分法看待事物，没有中间地带。

比如：如果我没有取得完全的成功，我就是个失败者。

②灾难化：只从消极的角度考虑事件的结果。

比如：如果这次英语四级考砸了，我就完了。

③低估正性信息：总觉得自己获得的成功是不值得一提的。

比如：这些事情别人也能轻松做到，根本不值得一提。

④贴标签：认为自己或者别人是一个什么样的人，给自己或者别人贴上一个负面标签。

比如：我就是一个祸害。

⑤不能驳斥：不接受任何与自己负面评价或者想法一致的证据。

比如：当有“我做不到”这一核心信念的时候，不接受我有能力做好一件事的任何证据。

⑥夸大或缩小：在对自己或者别人做出评价时，夸大负面部分，或者缩小正面部分。

比如：这次四级考砸了，证明我就是不行。

⑦选择性提取：将注意力过分集中在消极的信息上，很少注意到积极信息，不看整体。

比如：我得到了一个不好的评价（事实上还有很多好的评价），说明我工作做得太糟糕。看看所有这些不喜欢我的人。

⑧读心术：相信别人就是这么想的，以这一态度与他相处。

比如：他觉得我是一个不诚实的人。

⑨过度概括：从某些片面事实出发，得出一个整体性结论。

比如：因为这次英语四级没过，我这个人不适合上大学。

⑩个人化：将团队中失败的理由归结为自己的原因，都是自己的错。

比如：这次小组作业打分这么低都是因为我做的 PPT 太糟糕了。

⑪管道视野：只从事情的消极面看问题。

比如：我做什么都做不好。

⑫杞人忧天：对未来进行消极负面的预测。

比如：我会考不过这次考试。我不会得到这份工作。

（二）行为激活

在认知行为领域有很多行为技术，如暴露、系统脱敏、社会技能训练、放松训练等。与认知重建一样，这些技术也存在一个共同点，即它们都基于学习理论，使刺激与反应之间旧的、不适应联结的消退，以及新联结产生的过程。暴露技术主要是帮助人们面对那些引起他们焦虑情绪的无害刺激，是通过使个体在放松状态下接触实际的或想象的恐惧，或焦虑的对象来克服恐惧或焦虑，以解决各种不适应行为的一种临床治疗方法。当个体面前出现焦虑和恐惧刺激时，对个体反复施加与焦虑和恐惧相对立的刺激，从而使个体逐渐消除焦虑与恐惧，不再对有害的刺激敏感而产生病理性反应。反复暴露于刺激的目的，是帮助个体意识到他的恐惧情绪消失了。

系统脱敏疗法是目前最为流行的一种行为治疗技术，它的创始人是南非著名的精神病医生沃尔普（Wolpe J）。该方法主要用于治疗各种恐惧症状，如害怕某些动物、考试焦虑、社会恐怖、广场恐怖等。

系统脱敏法的变式分为快速脱敏法、接触脱敏法、自动化脱敏法、情绪意向脱敏法四种。其中，接触脱敏法特别适用于特殊物体恐怖症，如对狗或蛇的恐怖症。接触脱敏法同样采用按焦虑等级进行划分的真实生活暴露方法，与其他脱敏方法的不同之处是增加了两项技术——示范和接触。让个体首先观看治疗者或其他人处理引起恐惧的情境或东西，而后让个体一步一步地照着做。如果个体害怕的是一种东西，如蛇，那就在让他观看治疗者触摸、拿起和放下蛇的示范后，先做一些与接近、触摸蛇有关的活动，而后逐渐接近蛇并触摸它，直到敢于拿起蛇而无紧张感为止。

例如，张同学是广西贵港人，家住乡下山里，院子里经常进蛇，而张同学从小就怕蛇。有一次，他甚至看到一条蛇跑到了衣柜里，从此对蛇产生了心理阴影，对所有与蛇有关的刺激都感到恐惧（如蛇的图片、电影中的蛇等）。今年暑假他回到家后，又发现院子里有一条蛇，吓得他赶紧跑到了屋里不敢出来，这让他产生了非常恐惧的想法（如“它要咬我”“我会被它的毒液毒死”“我处理不了这件事”）。这些想法使他非常焦虑（情绪反应），心跳加快而且开始出汗（生理反应）。每次他在院子里见到小蛇时都要逃走，除非有人到他家确认蛇已经不在了，否则张同学会一直待在屋里不出来，有时候甚至几天都闭不出户（行为反应）。

系统脱敏的原理：使个体在放松状态下接触（实际的或想象的）恐惧对象来克服焦虑，由于焦虑状态与放松状态不能共存，所以设法在原来诱发焦虑的刺激情境与放松反应之间建立联系，就可以取代和抵消原来的刺激—焦虑联系。

系统脱敏疗法治疗过程如下。

①建立恐怖（或焦虑）等级层次表。

②放松训练。

③按等级层次表中列出的项目进行想象或实地脱敏。

准备工作：放松训练、建立恐怖（焦虑）等级。找出所有使来访者感到恐怖（或焦虑）的事件，并报告对每事件感到恐怖（或焦虑）的主观程度，且将事件按等级程度由小到大排列。这种主观程度可用主观感觉尺度来度量。单位 SUD，一般分值为 0 ~ 100，见表 5 – 1。

表 5 – 1　社交恐怖症的等级层次

等级	对应内容	分值
1	与最亲密的朋友单独聊天	10
2	与 3 个好朋友聊天	20
3	与宿舍 7 个室友聊天	30
4	课堂上回答老师问题	40
5	组织班级活动	50
6	与名师或学者私下单独交流	60
7	向全班同学讲课	70
8	当众向名师或学者提问	80
9	陪同名师或学者吃饭	90
10	在有名师或学者的场合下作学术报告	100

注意：

①最重要、最常见的刺激不可遗漏。

②由最低层次刺激引起的不适应足以被全身松弛抑制。

③各层次之间的级差要均匀适当。

系统脱敏的三个步骤如下，

①让个体按放松训练中的方法进行放松。

②想象或实物脱敏。

由治疗者口头引导个体进行想象或让其观察、接触实物进行脱敏训练。想象一般在 30 秒以内。

③停止想象，报告焦虑等级。

对某种事物或者某个事件是否完成了系统脱敏可以从两个方面确定：一方面，脱敏者在脱敏练习期间保持想象的时间，如果脱敏者在某个等级想象的时间超过了 30 秒且无明显的情绪反应，即意味着他对高等级的刺激已经适应。另一方面，让脱敏者报告焦虑值，如果脱敏者报告的焦虑值降低了50个百分点，则认为该脱敏者对该等级的脱敏任务已经完成，可以进行下一个等级的脱敏。需要注意的是，对某个等级的脱敏可能会反复，需要进行二次脱敏，每次脱敏时间不要太长，以30分钟为准，不能赶时间。一定要确认一个场景或者一个事件对脱敏者已经不再产生紧张、焦虑、恐惧情绪，才能进行下一等级的脱敏。

参考文献：

[1]理查德·格里格,菲利普·津巴多. 心理学与生活[M].16版. 王垒,王甦,译. 北京:人民邮电出版社, 2003.

[2]LANG P J. The varieties of emotional experience:a meditation on James – Lange theory[J]. Psychological Bulletin, 1994(101):211 –221.

[3]郭小艳,王振宏. 积极情绪的概念、功能与意义[J]. 心理科学进展, 2007(5):810 –815.

[4]廖友国. 负性情绪相关影响因素研究述评[J]. 中小学心理健康教育,2009(20):4 –7.

第六章　沟通能力管理

第一节　沟通

一、沟通的含义

关于沟通的含义，据不完全统计，迄今有150多种不同的说法。“沟通”一词，其汉语的本义是通过挖沟开渠使其相互流通畅达，后来用于比喻两种思想的交流与分享。

本书对沟通的定义：沟通是人与人之间、人与群体之间为了达到某种思想一致和感情通畅而借助共同的符号系统（语言符号和非语言符号系统）传递信息的过程。

二、沟通的重要性

沟通有传递信息、交流情感、控制和激励等作用。有效的沟通不仅能传递信息，还有助于对所传递信息加以理解并让各方达成共识。

而高职教育往往偏重专业技能培养，对学生的人文素质、人际沟通能力的培养意识较薄弱，高职生人际沟通意识和能力较差，在一定程度上影响了其人生的可持续发展。因此，提高高职生沟通意识和能力十分重要。

1. 职场需要沟通

各行各业的从业人员，不仅要具备专业知识和技能，还要有与他人沟通的能力。

2. 社会生活需要沟通

人是社会的动物，社会是人与人相互作用的产物。人们在生活中不可避免地需要与人沟通。

3. 沟通是个人身体健康的保障

沟通能增进彼此的感情；沟通能消除误解，增进对彼此的了解；沟通能让人学会换位思考，更加体谅彼此；沟通能让人敞开心扉，让人变得更加开朗；沟通能让人们的生活更加和谐且多姿多彩。

三、沟通的类型

按照不同的标准可对沟通进行划分。常见的分类有以下几种。

1. 语言沟通和非语言沟通

按照沟通的载体划分，沟通可分为语言沟通和非语言沟通。

语言沟通是以语言符号为媒介的沟通，又可分为口头沟通和书面沟通。口头沟通是借助口头语言进行的沟通，如会谈、对话、会议等。书面沟通是借助文字进行的信息传递和交流，如通知、通告、书信、报刊等。

非语言沟通指通过视觉、声音、触觉、嗅觉等传递信息的沟通，如通过眼神、身体动作、声音的抑扬顿挫、面部表情等实现的沟通。

2. 正式沟通和非正式沟通

按照沟通的组织系统划分，沟通可分为正式沟通和非正式沟通。

正式沟通是组织事先计划和安排好的信息传递和交流。比如，组织间的公函来往、正式会见，组织内部的会议制度、书面报告、文件传达、发布通知等。

非正式沟通是未经计划、因感情和动机上的需要而形成的沟通。比如，非正式的会议、走动式交谈、茶余饭后的交谈等。

3. 上行沟通、下行沟通和平行沟通

按照组织结构和流动方向划分，沟通可分为上行沟通、下行沟通和平行沟通。

上行沟通是指下级向上级表达观点、反映意见，自下而上的沟通。比如，汇报工作、表明态度、提出建议等。

下行沟通是指上级向下级传递信息的沟通。比如，发布管理政策、指派任务、下达指示等。

平行沟通是指组织内同层级或部门间的沟通。比如，员工间的沟通、管理者之间的沟通等。

4. 单向沟通和双向沟通

按照信息沟通的方向划分，沟通可分为单向沟通和双向沟通。

单向沟通是指信息发送者只发送信息，接收者只接纳信息的沟通。比如，上级向下级发布命令、指示，做报告，发表演说等。

双向沟通是指沟通双方交替以发送者和接收者的身份，交替发出信息和接收信息，多次进行重复商谈，以实现沟通目的。比如，交谈、协商等。

5. 自我沟通、人际沟通和群体沟通

按照沟通者的目的划分，沟通可分为自我沟通、人际沟通和群体沟通。

自我沟通也称内向沟通，即信息发送者和信息接收者为同一个行为主体，自行发出信息，自行传递，自我接收和理解。

人际沟通是指在人际交往中，人们交流各种观念、思想和感情的过程。这种交流主要通过语言、身体动作、表情和社会距离等来实现。

群体沟通指的是两个或两个以上相互作用、相互依赖的个体，为了达到基于各自目的的群体特定目标而组成的集合体，并在此集合体中进行交流的过程。

四、沟通的障碍与消除

从信息发送到信息接收的沟通过程并非都是畅通无阻的，总会因为这样或那样的原因，出现沟通失败或者无法实现沟通目的的结果。

（一）发送者的障碍

（1）目的不明。

（2）表达模糊。

（3）选择失误。

（4）形式不当。

（二）接收者的障碍

（1）过度加工。

（2）知觉偏差。

（3）心理障碍。

（4）思想差异。

（三）沟通障碍的消除

（1）明确沟通的目的。

（2）尊重别人的意见和观点。

（3）考虑沟通对象的差异。

（4）充分利用反馈机制。

（5）学会积极倾听。

（6）注意非语言信息。

（7）避免一味说教。

（8）保持积极健康的心态。

（9）使用恰当的沟通节奏。

（10）选择最佳时间和地点传递信息。

第二节　高效的人际沟通技巧

一、有效沟通

（一）有效沟通的含义

有效沟通是指通过听、说、读、写等方式，通过演讲、会见、对话、讨论、信件等方式将思维准确、恰当地表达出来，以促使对方更好地接受。

有效沟通的特征是准确、高效和双向。

沟通是双方互相交换信息的过程，信息的准确度和清晰度直接影响沟通的效果。

沟通是处理矛盾的重要工具，如果沟通效率过低就无法及时处理矛盾。

沟通作为信息的流通活动，是双向的传播过程。在沟通过程中，既要注意传达信息，也要注意信息的反馈，进而调整沟通行为，这样的沟通才是有效的沟通。

（二）有效沟通的意义

（1）有效的沟通是事业成功的基石。

（2）有效的沟通是构建和谐人际关系不可或缺的因素。

（3）有效的沟通可以使一个人保持身心的健康。

（三）有效沟通的技巧

（1）必须知道说什么，要明确沟通的目的。

如果目的不明确，就意味着你自己也不知道在说什么，自然也不可能让别人明白，也就达不到沟通的目的。

（2）必须知道什么时候说，要掌握好沟通的时间。

比如，在沟通对象正忙于工作时，你却要求他与你商量下次聚会的事情，显然不合时宜。所以，要想很好地达到沟通效果，必须掌握好沟通的时间，把握好沟通的时机。

（3）必须知道对谁说，要明确沟通的对象。

虽然你说得很好，但你选错了对象，自然也达不到沟通的目的。

（4）必须知道怎么说，要掌握沟通的方法。

虽然你知道应该向谁说、说什么，也知道该什么时候说，但你不知道怎么说，仍然难以达到沟通的效果。沟通是要用对方听得懂的语言，包括文字、语调及肢体语言，而你要学的就是透过对这些沟通语言的观察有效地使用它们进行沟通。

二、有效倾听

（一）倾听的含义

倾听就是多听少讲，认真听别人讲话，容纳别人的不同想法，给别人充分表达自己的机会，这同样是一种深层的尊重。

有效沟通首先要做到会倾听，倾听是沟通的前提。倾听可以满足对方自尊的需要，减少对方自卫与对抗的意识，为心理沟通创造有利的条件和氛围。倾听的过程既是深入了解对方的过程，也是准备做出反应的过程。

（二）倾听的技巧

倾听并不只是用耳朵去接收信息，还须用心去理解，做出应有的反应。

1. 耐心地听

即使对方所讲的你已经知道，为尊重对方你仍得耐心听下去。要特别有耐心地听对方申辩，切不可粗暴地随意打断，即使对方发火，你也要让他尽情发泄，让他缓和下来。

2. 虚心地听

对问题有不同观点，不要中途打断或妄下判断，即使对方错了，也要在不伤害对方自尊的情况下以商讨的口气提出自己的看法。

3. 会心地听

首先，要善听“弦外之音”，不被虚假的表面信息迷惑，善于捕捉背后的真实意图。特别要注意对方的体态语，体态语有时可能传达出言辞背后更为真实的信息。其次，要会心地呼应，可以简单地重复对方话语，发问或表示赞同，使用注视、点头、微笑等态势语。

4. 适时进行鼓励和表示理解

谈话者往往希望自己的经历受到理解和支持，因此在谈话中加入一些简短的语言，如“对的”“是这样”“你说得对”等或点头微笑表示理解，都能鼓励谈话者继续说下去，并引起共鸣。当然，仍然要以安静聆听为主，要面向说话者，注视对方的眼睛进行沟通，或者用手势来理解对方的身体辅助语言。

5. 适时作出反馈

一个阶段后，准确的反馈会激励谈话者继续进行，对谈话者起到极大的鼓舞作用。包括因为没有听懂或希望重点解释，希望其重复刚才的意见，如“你刚才的意思或理解是……”。但不准确的反馈则不利于谈话，因此要把握好。

6. 要避免不良习惯

开小差，随意打断别人的谈话，或借机把谈话主题引到自己的事情上，一心二用，任意地加入自己的观点做出评论和表态等，都是很不尊重对方的表现，比不听别人谈话产生的效果更加恶劣，一定要避免。

三、科学询问

（一）开放式提问

开放式提问是指提出比较概括、广泛、范围较大的问题，回答者的回答内容可以多样，有充分自由发挥的余地。开放式提问可以缩短双方心理、情感距离，有利于沟通的顺利进行。

开放式问题常用“什么”“如何”“为什么”“能不能”等来提问，让回答者开阔思路，对有关的问题、事件给予较为详细的说明，讲述有关情况、想法、情绪等，而不是简单地用“是”或“不是”来回答。

以“什么”提问，能够获得一些事实资料。比如，你有什么兴趣爱好呢？

以“如何”提问，能明悉事件的来龙去脉，或情绪性的看法。比如，你是如何看待这件事的？

以“为什么”提问，可以探讨事件的原因。比如，你为什么不参加班级的主题晚会？

以“能不能”提问，往往能够促进回答者进行自我剖析。比如，你能不能告诉我你不考研的原因呢？

不同的提问用词往往会带来不同的沟通效果，因此在沟通中要根据提问需求来选取合适的提问用词。

1. 高度开放式的提问

高度开放式的提问没有任何限定条件（比如，可否聊聊你的大学生活情况？你对学生在自习室占座有何看法？能不能谈谈你的家乡？）

2. 适度开放式的提问

适度开放式的提问包含了一定的限定条件，但同样为回答者提供了一定的回答余地，答案往往较具体（比如，可否聊聊你的大学学习情况？你对学生在图书馆占座有何看法？能不能介绍一下你的家乡特产？）

3. 开放式提问的优缺点

（1）优点。

开放式提问让回答者有自由发挥的余地，有助于激发对方的沟通热情，进而得到大量的信息。开放式提问可以得到回答者对事情的看法、原因等，并促使他们主动提供重要的信息。

（2）缺点。

虽然开放式提问自由发挥的余地大，但问题的长度和核心是回答者决定的，一个问题可能占用沟通的大部分时间，也可能提供不重要的信息。所以在沟通的过程中，需要提问者正确引导回答者，巧妙地控制以防跑题。

（二）封闭式提问

封闭式提问是指提问者提出的问题带有预设的答案，提问时让对方在可选的几个答案中进行选择。封闭式提问一般在明确问题时使用，用来澄清事实，获取重点，缩小讨论范围。

封闭式提问通常使用“是不是”“对不对”“要不要”“有没有”等提问用词，而回答往往也是简单地以“是”“否”回复。当回答者的回答偏离话题时，通过封闭式提问可以适当地终止其叙述并将其拉回到话题范围，获取谈话内容重点。但过多地使用封闭式提问，会使对方陷入被动回答中，会压制其表达的愿望和积极性，甚至产生压抑感。

1. 高度封闭性的提问

回答高度封闭性的提问有如完成多项选择题，它的出现意味着回答者必须从所有的答案中选择一个最合适的。（比如，你喜欢跑步，打篮球还是踢足球？这次合唱比赛，你觉得文学院和外语学院哪个实力更强?）

2. 适度封闭性的提问

适度封闭性的提问通常针对特定的、一个或几个信息点提问。（比如，你从事会计行业多久了？为了参加此次演讲比赛，你做了哪些准备工作?）

3. 极端性提问

封闭式提问有时具有极端性，它意味着这类问题的回答非此即彼，逼迫回答者在两个选项中做出抉择。（比如，你支持火箭队还是公牛队？你是否愿意加入学院辩论队?）

极端性提问通常是截然相反的两种答案：是或否、喜欢或厌恶、愿意或不愿意、赞成或反对等。极端性问题往往无法反映回答者对问题的认识程度。

4. 封闭式提问的优缺点对比

（1）优点。

封闭式提问有利于提问者控制提问的长短，可以在短时间内提问更多的问题，引导回答者提供所需的信息。现实生活中，调查问卷往往采用封闭性提问，方便提取答案并转换为数据、表格等形式，有利于做进一步的分析。

（2）缺点。

封闭式提问的答案信息量很少，回答者往往也没有机会做进一步的解释和说明。一个开放性问题的预期答案需要好几个封闭性问题才能获得。通过封闭性提问得到的答案既不能了解回答者持某种观点、态度的缘由，也不能解释回答者只选择某种特定答案的原因。

（三）封闭式提问与开放式提问的比较

封闭式提问与开放式提问各有优缺点，见表6－1。

表6－1　封闭式提问与开放式提问的优缺点

不同提问类型的优缺点	提问类型			
	高度开放式	适度开放式	高度封闭式	适度封闭式
信息含量的广度和深度	高 ——————→ 低			
精准性、可重复性和可靠性	低 ——————→ 高			
提问者对话题及回应的控制程度	低 ——————→ 高			
对提问者专业技能的要求	高 ——————→ 低			
时间、经济上的耗费程度	低 ——————→ 高			
被问者披露感受和信息的机会	高 ——————→ 低			

四、反馈的技巧

反馈的类型多种多样，常见的有回应、判断、分析、提问和复述等。在反馈过程中应掌握以下几个技巧。

1. 反馈语言具体明确

反馈语言要具体明确，不能笼统抽象，不能带有成见。

2. 反馈的态度要坦诚

有效的沟通和反馈，不是其中一方试图主导交流或评审双方的过程，而是一个分享信任、取得共识的过程。

3. 营造开放轻松的氛围，避免引起防卫性的反馈

在沟通过程中，防卫性的气氛往往会将人们导向批判、对立，开放轻松的氛围则有助于加深彼此之间的理解与交流，调节矛盾和冲突。尽管人们持有不同意见，但对事不对人，沟通双方的共同目标是要解决问题。

4. 把握适宜的反馈时机

沟通过程中，要及时给予对方反馈，这样有利于问题的解决，否则矛盾逐渐积累，影响沟通的效果。但是，及时反馈并不意味着立刻作出反应，而是要灵活地捕捉最佳时机。

5. 反馈必须适度

尽管反馈十分重要，但反馈也要适度。过度的反馈会让对方感到不适，甚至产生反感。如果以判断方式作出反馈，这类判断最好保持中立态度，既不要简单地评论，也不要直接给出建议，除非对方有这样的要求。

五、沟通中的语言艺术

（一）语言沟通的原则

1. 礼貌待人原则

礼貌待人原则，即运用语言的时候要做到热情、尊重、宽容、同情、谦虚、和蔼、友好、善意、谅解等。

2. 真诚坦率原则

真诚坦率原则，即沟通要真心真意，态度诚恳，不虚伪、不说假话。

3. 平等友好原则

平等友好原则，即双方人格上的平等，包括尊重他人的尊严。彼此尊重是沟通最起码的美德。

4. 区分对象原则

区分对象原则，即对不同的人采用不同的沟通语言。对同一个人，在不同的时间场合也应该用不同的沟通方式。

5. 不责备、不抱怨原则

不责备、不抱怨原则，即控制好自己的情绪，不受情绪影响。

6. 同理心原则

同理心原则，即将心比心。能够体会他人的情绪和想法，理解他人的立场和感觉，站在他人的角度思考和处理问题。

（二）语言表达的技巧

1. 作适当的准备

进行重要的谈话时，不能仅靠临场发挥，而要在谈话之前把交谈的目的、方式以及交谈的技巧在大脑中做一番精心的设计，这样在交谈时才能有条不紊、沉着冷静地进行。

2. 扣紧主题

交谈的目的就是要告诉对方某些道理或是某些观点，无论选择哪种谈话方式，运用哪种谈话技巧，如果抛开最终的谈话目的，那么无论你再口若悬河，你的话都是毫无生命力的。因此交谈一开始，就要紧扣谈话主题，围绕谈话目的，通过适当的举例，围绕中心思想展开交流。这样才能把谈话内容引入预期的设想之中，达到谈话目的。

3. 坚持练习

“一日不练手生，三日不练口生。”所有的谈话技巧都是在经常锻炼中学到的，离开锻炼而大谈交谈技巧都是毫无作用的空谈。这就要求我们在平时要抓住每个能够锻炼的机会，面对大家讲话的时候不要胆怯，而是要有锻炼自己的意识。

4. 条理清晰

做好交谈准备的同时，也要注意讲话的条理必须清晰。要做到这一点，就需要先将要说的话梳理清晰，不要一股脑地往外搬，不要让别人总结你的话，分析你的意思。所以，我们在日常交谈中，要注意讲问题的条理性，尽量让人觉得言简意赅，重点突出。

5. 突出要点

在讲话时，自然也有重点和非重点之分。我们谈话是为了达到某种目的，这个目的可以用简洁的语言表达出来，围绕这一目的事例、客套话等都是为谈话目的服务的。

（三）谈话忌语

1. 忌高高在上

人与人之间，不管身份、背景、资历如何都是平等的。在沟通中，应懂得平等地与人交谈，切不可摆出高高在上、目中无人的姿态，更不能随意训斥他人。

2. 忌自我炫耀

交谈中过于卖弄自己，炫耀自己的才华、成绩，吹嘘自己。一方面会让人反感，另一方面会让对方有相形见绌的难堪，不利于交谈。

3. 忌口若悬河

要注意对方对所谈的内容懂不懂，是否喜欢听，不要只顾着自己口若悬河。

4. 忌随意插嘴

当别人说话时，等别人说完自己再说，不要随便打断别人的话。

5. 忌谈论不宜话题

不宜谈论个人隐私问题、国家秘密和行业秘密、负面事件，非议自己的领导、同行、同事，非议对方的行业、岗位现状或前景，讨论格调不高的话题等。

6. 忌搔首弄姿

与人交谈时，姿态要自然得体，手势要恰如其分。切不可挤眉弄眼、挠后脑勺，手中摆弄东西、用手指指点点，抖动腿部，用手挖鼻孔或挖耳朵、揉鼻子、剔牙齿、打哈欠、伸懒腰、倚靠而站。站时手插口袋里，说话时不看对方、用手指指向对方，坐时躺靠在椅子上，边说话边干其他事等，给人以轻浮或缺乏教养的印象。

7. 忌心不在焉

当听他人讲话时，思想要集中，不要左顾右盼、一脸倦容、连打呵欠，或神情木然、毫无表情，这会让人觉得你对这次的谈话不感兴趣，或这次的谈话没有吸引力，扫他人兴致。

8. 忌言不由衷

沟通中坦诚很重要。有不同的看法就要坦诚地说出来，不要一味迎合他人，也不要违心赞美、恭维他人，留给人不真诚的印象。

9. 忌冷暖不均

当几个人一起交谈时，要注意尽可能均衡地照顾到在场的每个人，切莫按自己的“胃口”区别对待他人，更不要因身份不同而区别对待他人，只和某些人交谈而冷落另一些人。比如，谈论某个话题时，尽量让每个人都有机会发表自己的意见，与每个人做眼神交流，让每个人都有存在感。

10. 忌挖苦嘲弄

当别人在说话时出现了错误或不妥，不应嘲笑，也不要对交谈以外的人说长道短，更不能把别人的生理缺陷当作笑料，无视他人的人格，伤害他人自尊。

（四）真诚赞美

犹太人有句谚语：“唯有赞美别人的人，才是真正值得赞美的人。”

1. 由衷赞美

发自肺腑的赞美既能表达内心由衷的美好感受，又能带来融洽的人际关系；相反，虚情假意的赞美不但让人反感，给人留下不好的印象，往往还会弄巧成拙。

2. 赞美语言适中，不可夸大其词

赞美的内容一定是对方已经具备或预期具备的优点或特征，毫无顾忌地夸大其词只能让他人感到言不由衷。如果赞美一位体态臃肿的人体形优美，恐怕会引起对方的极大反感。

3. 因人而异

根据赞美对象的接受情况，把握赞美的度。比如，赞美的对象如果性格内向，赞美则应该点到即止，而不能滔滔不绝、长篇大论地加以赞赏，让对方感到尴尬或无所适从；赞美的对象如果性活泼开朗，简短的赞美也许会让对方意犹未尽。因此，要用心赞美，力求将最完美的赞美送给对方。

总之，真诚和略带技巧的赞美才会让彼此心情愉悦，让彼此的沟通顺畅。

第三节 沟通交流礼仪

一、肢体语言

（一）肢体语言的含义

肢体语言又称身体语言，是指通过头、眼、颈、手、肘、臂、身、胯、足等人体部位的协调活动来传达个体的思想，形象地借以表情达意的一种沟通方式。广义言之，肢体语言也包括面部表情在内；狭义言之，肢体语言只包括身体与四肢所表达的意义。

肢体表达情绪也有很多惯用的动作，诸如鼓掌表示兴奋，顿足表示生气，搓手表示焦虑，垂头表示沮丧，摊手表示无奈，捶胸表示痛苦。当人们用肢体活动表达情绪时，别人可以由此辨识出他人用其肢体所表达的心境。

（二）肢体语言的类别

肢体语言所表达的内涵是丰富多彩的，我们要通过仔细观察沟通对象的肢体语言，揣摩其内心的真实想法。此外，我们自己也要充分发挥肢体语言的魅力，让自己的人际交流更生动、鲜活、顺畅。

1. 头语

在一般的场合，可用点头表示感谢。在比较庄重的场合，可用鞠躬表示谢意。鞠躬的“深度”与致谢的程度有关，感谢的程度越重，躬身的深度越大。中国人常用的打招呼方式就是笑一笑，或者点点头，或者扬扬手、点点头。点头可以表示肯定、同意、鼓励等。

摇头一般表示否定、不同意、不赞许、制止等 。当无可奈何的时候，一般会轻轻地摇头叹息，也会手臂不动两手摊开。欧美人表示无可奈何时常耸肩，或同时抬起双手前臂翻开手掌，有时还要摇摇头。

2. 眼神

眼睛是心灵之窗，这充分说明了眼部表情的重要性，我们不仅平时要培养“会说话的眼睛”，更要随时注意对方的眼睛说了些什么话。

两个人对话时，目光难免会经常接触，而从对方的目光中，很容易察觉到对方的想法。如果对方目光有神地望着你，说明他在注意听你说话；如果对方目光四处转动，一副心不在焉的样子，说明他可能是对你讲的话题不感兴趣，这时我们便要适时地将话题转到其他能够引起对方兴趣的方面。

3. 面部表情

许多人的喜怒哀乐都是写在脸上的，即使是一个深沉的人，从脸部表情变化也多少可以看出一些端倪来。比如，两方代表团对坐于谈判桌前，在后排的人士中，就有人是专门解读对方表情变化的。又如，妈妈给宝宝讲了一个很难懂的问题，问宝宝懂了没有，如果宝宝一脸茫然，一定是不懂了。可见面部表情也是一门值得深入研究的学问。

4. 手势

许多人在说话时会运用手势来加强其表达的意念。研究表明，手势确实能够集中对方的注意力，加强自己说话内容的可信度，但是虚伪夸张的手势，其效果往往会适得其反。

5. 其他表现

与人交谈时，若对方不停地看手表，显然是要告辞了；学生在考试时，咬着笔杆望着天花板，很有可能是遇到难题了。这些日常生活中常见的例子，都属于肢体语言的运用，也都是一种非语言信息传递。

（三）肢体语言沟通技巧

1. 活用手势

在交流中，人们通过无意或者有意的手势来展现自己的意图。比如，紧握双手表示自己缺乏安全感，防范意识比较强；用手指捏自己的头发，表示自己很紧张，缺乏安全感，要么就是想吸引别人的注意。

2. 注意坐姿

一般来说，把自己的身体蜷缩起来，双手放在大腿之间的人，表示自己很自卑，缺乏一定的自信，所以说不同的坐姿可以给人不同的印象。跨椅而坐的人或者反过椅子来坐的人，表示对他人说话感到厌烦或者想占据说话的主导地位。

3. 端正站姿

站姿都不注意的人，一定不能和别人好好地说话。双腿交叉站立的人，一般表示自己保留或者持有怀疑态度和轻微的拒绝，或者是感到拘束，这样的站姿少做为好。背手而战的人，通常有较好的自信心，这个姿势可以多做。

4. 活用眼神

眼睛是能直接传达一个人精神状态的东西，眼睛有神，表示自己的精力很好，对别人是持有支持态度的。飘忽不定则相反，回避视线是缺乏自信的一种表现，表示自己内心不安，或是隐瞒了一些东西。所以，时常保持精力充沛是眼睛有神的一个重要方法。

二、仪表礼仪

（一）仪表礼仪的含义

仪表礼仪是指一个人的仪表要与他的年龄、体形、职业和所在的场合相吻合，表现出一种和谐的状态，这种和谐状态能给人以美感，增进互相的好感。

（二）仪表礼仪注意事项

1. 注重仪表的协调

不同年龄的人有不同的穿着要求，年轻人应穿着鲜艳、活泼、随意一些，体现出年轻人的朝气和蓬勃向上的青春之美，而中老年人的着装则要注意庄重、雅致、整洁，体现出成熟和稳重。对于不同体形、不同肤色的人，就应考虑到扬长避短，选择合适的服饰。职业的差异对于仪表的要求也非常重要。比如，教师的仪表应庄重，学生的仪表应大方整洁，医生的穿着要力求显得稳重而富有经验。当然，仪表也要与环境相适应，在办公室的仪表与在外出旅游时的仪表当然不会相同。

2. 注意色彩的搭配

暖色调（红、橙、黄等颜色）给人以温和、华贵的感觉，冷色调（紫、蓝、绿等颜色）往往使人感到凉爽、恬静、安宁、友好，中和色（白、黑、灰等颜色）给人平和、稳重、可靠的感觉，是最常见的工作服装用色。在选择服装、饰物的色彩时，应考虑到各种色调与肤色的协调，选定合适的着装、饰物。

3. 注意场合

要根据不同的场合进行着装，喜庆场合、庄重场合及悲伤场合应注意穿着不同的服装，要遵循不同的规范与风俗。

（三）仪容仪表标准

仪容仪表反映一个人的精神状态和礼仪素养，是人际交往中的第一形象。尤其在职场中，更应注意仪容仪表，展现自己良好的精气神。具体可参考以下职场仪容仪表标准。

1. 头发

须清洁、整齐；无头垢、头屑，无异、臭味散发；女员工的短发不可过肩；长发须盘起来；发束要夹紧，以免行走时发髻摇晃；刘海儿一定不能遮眉；男员工的头发前不过眉，侧不过耳，后不过领；男员工不能留有鬓角；禁止染发及留奇形怪发。

2. 面部

上班前必须洗脸并保持脸面干净清爽，男员工必须每天刮修脸面，不能留须；眼睛内无分泌物且不能布满血丝、出现黑眼圈或疲劳无神；鼻毛不外露，保持鼻孔内清洁；每天刷牙并保持牙齿洁白、干净，口气清新；无异臭味；保持脖子的干净清洁，勿出现白脸黑脖子的现象；女员工上班前应把眉毛修饰好。

3. 手部

双手必须保持干净；指甲必须修剪整齐，保持干净；不能蓄留长指甲。

4. 制服

制服必须整洁、熨平整并按需要更换；制服整齐干净，无污迹，无变色、变形；双肩无头皮屑，袖口、衣领无油污；领带要平直，领结要打漂亮；裤脚、衣袖不可卷起；衣领要平整，不可竖起；衬衣勿一半掖里面一半外露；依照制服设计，系上纽扣，挂上挂钩，系好皮带；爱护制服，使其无破损、无扣子脱落、无裂缝、掉边等现象。

5. 鞋袜

除配发工鞋或指定配搭鞋款外，须穿表面光滑的黑色皮鞋；皮鞋应保持光亮、干净、无破损；且式样简洁大方，无多余装饰物；布鞋应干净，无污迹及破损；一定要穿完好的袜子，保持干净，无异味；男员工袜子颜色应是纯黑色、深灰色或深蓝色；女员工袜子颜色为淡灰色或肉色。

6. 化妆

化妆应着淡淡的粉底，颜色应接近肤色，不宜过白；口红选用浅色系，一定要用唇笔画好唇轮廓，还应保持唇色的亮泽；如果画眼影，颜色以棕红、紫红、淡咖啡色为宜；如果画腮红，应在两颊扫淡淡的、粉红、棕红的胭脂粉。

（四）仪态标准

职场中的仪态标准如下。

1. 站姿

要领："站要有站相""站如松"。站立时要挺正而自然，从正面看，身体重心线应在两腿中间向上穿过脊柱及头部，重心在两个前脚掌。同时注意以下几点：

①挺胸、收腹、颈直、头正而平、腰直。

②站立要端正，眼睛平视，嘴微闭，面带笑容。

③双臂在体前交叉，右手放在左手上，或双手放背后。

④女子站立时，双脚呈现"V"字形，角度约为60°，双膝靠紧，双脚后跟靠紧。

⑤男子站立时，双脚与肩同宽。

⑥要防止重心偏左或偏右，双手不可叉在腰间或抱于胸前，身体不能东倒西歪。

2. 坐姿

要领："坐如钟"。端正，入座轻缓，上身正直，人体重心垂直向下，腰部挺直，脊柱向上伸直，胸部向前挺，双肩放平放松，手自然放于双膝上，双膝并拢，目光平视，面带笑容，坐椅子的2/3位置，不可坐在椅子边缘上。

就座时切不可有以下几种姿态：

①坐在椅子上前俯后靠，摇腿跷脚。

②将脚跨在椅子或沙发扶手上，或架在茶几上。

③在上司或客人面前双手抱在胸前、跷二郎腿、抖腿，或半躺半坐。

④趴在工作台上。

3. 行姿

要领："行如风"。行走中应昂首、挺胸、收腹、眼直视、肩要平、身要直，两臂自然下垂摆动，腿要直。女子走一字步。男子行走时双脚跟行两条线，但两线应尽可能靠近，步履可稍大，横向距离保持在3厘米左右；每走一步，两脚间的距离标准为左脚一步迈出，脚跟离右脚尖恰好是脚的长度。行走时不可摇头晃脑、吹口哨、吃零食，不要左顾右盼，手插口袋或打响指。不与他人拉手、搂腰搭背。不得以任何借口奔跑、跳跃。走路时男士不要扭腰，女士不要晃动臀部。与上级或客人同行时，应注意以下几点：

①尽量靠右行，不走中间。

②与上级、客人相遇时，要点头施礼致意。

③与上级、客人同行至门前时，主动开门让他们先行，勿自己抢先而行。

④引导客人时，让客人、上级在自己的右侧。

⑤上楼时客人在前，下楼时客人在后，三人同行，中间为上宾，在人行道上让女士走在内侧，以便使她们有安全感。

⑥客人迎面走来或上下楼梯时，要主动为客人让路。

4. 手姿

要领：指示方向时，运作幅度适度，手臂伸直，手指自然并拢，手掌心向上，以肘关节为轴指向目标，同时眼睛看着目标并兼顾对方是否看到目标，上身稍前倾；给他人递东西时，应用双手恭敬地奉上，忌用手指指人；谈话时手势不宜过多，幅度不宜过大。

5. 鞠躬

一般适用于迎送客人、向客人致意，表示感激之情或下级对上级或晚辈对长辈的问候和感谢。

要领：手下垂、立正，两目注视对方，上身向前倾约 15°~30°，同时问候“您好”“您早”“欢迎光临”等，而后恢复原来的姿势。行礼时面带微笑，如有帽子应摘掉，受礼者亦同样。当然，上级或长辈还可以点头或同时伸出右手，不鞠躬也可以。同时注意以下几点：

①鞠躬时目光应向下看，表示谦恭，勿一面鞠躬，一面试图翻起眼睛看着对方。

②鞠躬时，嘴里勿吃东西。

③礼毕直起身恢复原来姿势后，双眼应有礼貌地注视对方，而不要一起身目光便已移向别处，如此会让客人感到非诚心诚意。

第四节　职场沟通

沟通能力是职业素养的重要组成部分。培养高职生的职场沟通力，可以促进学生的职业养成和职业能力的提升。

一、与领导沟通的技巧

1. 说话简明扼要，突出重点

领导往往工作繁重，行程较满，与领导沟通的时间有限。因此，在交谈时要简单明了，针对领导关心的问题，交流要突出重点，言简意赅。

2. 熟悉心理特征，进行心理沟通

与领导沟通，不仅要考虑领导的个性、喜好、风格、修养、地位、身份等因素，也要同与其他人交往一样，需要进行心里沟通。熟悉领导的心理特征，才能进行良好的情感交流，达到情感的一致。上下级之间心理上接近或相互帮促，会减少许多摩擦和冲突；反之，情感差异很大，就免不了要发生心里碰撞，影响工作关系。当然，了解、熟悉上级的心理特征是为了更好地进行沟通，处理好工作关系，而不是怀有个人不良动机，投其所好，以达到取悦上级之目的。

3. 请示而不依赖

一般说来，在自己职权范围内大胆负责、敢于创新是值得倡导的，也是领导所希望的。下属不能事事请示，遇事没有主见，大小事不能做主。这样领导也许会觉得你办事不力，能力不足。该请示汇报时必须请示汇报，但不要依赖、等待。

4. 从领导的角度看问题，尊重理解领导

作为下属，一定要充分尊重领导，维护领导的权威，支持领导的工作。首先，支持、尊重和配合领导的工作；其次，在难题面前替领导解围，当领导处于矛盾的焦点时，下属要主动出面，站在领导的角度看问题，理解领导，勇于接触矛盾，承担责任，排忧解难。

5. 主动而不僭越

对工作要积极主动，敢于直言，善于提出自己的意见，不能唯唯诺诺，只求四平八稳。在处理与领导的关系上要克服两种错误：一是对领导唯命是从，没有自己的想法，好坏没有自己的责任；二是自恃高明，对上司的工作思路不研究，不落实，甚至搞另一套，阳奉阴违。下属的积极主动、大胆负责是有条件的，要有利于维护上司的权威，维护团体内部的团结，在某些工作上不能擅自超越自己的职权。

6. 兼顾倾听和表达

在与领导沟通时，只有专心致志地倾听，才有可能接受尽可能多的信息，但不仅仅是用耳朵听，它还需要你去领会声音之外的动作、表情等肢体语言。在领导没有全部表述完之前，你可能理解错领导的意思，这时贸然表达，反而会引起领导的不快。

当然，和领导沟通不仅要注意倾听，还要懂得表达自己的想法，光听领导说，自己不表达，不积极回应也是不可取的。所以，倾听和表达一定要做到平衡协调，你主动去找领导沟通的时候要以表达为主，领导找你沟通的时候要以倾听和回应为主。

7. 沟通多而繁

交往频率对建立人际关系具有重要作用。不与领导交往，采取回避态度，将很难和上级的认识取得一致。没有一致的认识，相互之间的支持、协调、配合都将大受影响。因此，与领导的沟通在于多而繁。

8. 服从领导的决策

一般情况下，领导的决策、计划是从全局考虑的，有时领导从全局出发，损害了少数人的利益，也应服从大局需要，不应抗拒不办。即使与领导产生矛盾，也要理智客观地对待，而不能明知领导是对的，仍然采取抗拒、排斥态度。

9. 从谏如流，以迂为直

领导的决策、计划由于各种限制，难免会出现失误。发现领导失误之后，不能为讨上级欢心，按其所好，助其蔓延，也不能害怕上级不高兴，沉默不语，而应当及时指出，使失误尽快得到纠正。否则，错误的决策、计划蔓延发展，总有一天不仅要祸及组织，而且会祸及自身。当然，指出领导的错误不一定非要用逆耳之言，如果能达到“治病”的目的，“忠言不逆耳、良药不苦口”岂不是更好。指出领导的失误，不妨采取“以迂为直”的战术，走迂回路线，这样可以收到更好的效果。对领导的失误，还应该提倡“补台”精神，给出建设性的补救方案，不能站在旁边看笑话，甚至讽刺。

10. 交往要有耐性，要经受得起挫折和反复

下属不可避免地要向领导提工作建议，向领导提建议时要有耐性。一般来说，领导可能比下属高明一些，但在某些问题上，下属的认识高于领

导的认识是正常的。当下属的认识高于领导时，要取得领导的支持，必须有不怕挫折、不怕反复的精神，要反复地向上级说明自己的观点，逐步使领导了解新建议的内容与好处，从而达到说服上级、取得上级支持的目的。由于上级不理解，还可能招致指责和批评，这时千万不能气馁，应该勇敢接受挫折、误会和指责，继续坚持下去。如果缺乏坚持精神，就会使美好的愿望夭折在磨难之中，坚持下去，有时会出现“柳暗花明”的局面。

二、与同事沟通的技巧

由于性格不同、工作职责不同、利益冲突等，同事之间存在矛盾在所难免。利益上有冲突的同事双方，沟通时一般都会抢着表达自己的意思，却忽略对方的意思。如果过多地考虑自己的利益，沟通就无法进行。所以，既然利益是双方共同的关注点，那么沟通时就一定要考虑到对方的利益所在，才能让沟通变得顺畅。

1. 平常心对待利益

同事之间最容易形成利益关系，如果对一些小事不能正确对待，就容易形成沟壑。许多同事平时一团和气，然而当遇到利益之争，就当“利”不让。为了一些利益和同事互相争取，或在背后互相诋毁，或嫉妒心发作，说风凉话，这样既不光明正大，又于己于人都不利。因此，对待利益要时刻保持一颗平常心。

2. 与同事保持适当距离

一方面，“距离产生美”，同事之间交往过于亲密，时间久了容易产生矛盾。另一方面，如果同事中有几个人交往过于频繁，容易形成表面上的小圈子，容易让别的同事产生猜疑心理。因此，在与同事交往时，要保持适当距离，避免形成小圈子。

3. 要宽容忍让，敢于承认错误

同事之间经常会出现一些磕磕碰碰，如果不及时妥善处理，就会形成大矛盾。俗话讲，冤家宜解不宜结。在与同事发生矛盾时，要宽容忍让，从自身找原因，换位为他人多想想，避免矛盾激化。如果已经形成矛盾，自己又的确不对，要放下面子，勇于承认错误，学会道歉，以诚心感人。退一步海阔天空，如有一方主动打破僵局，就会发现彼此之间并没有什么大不了的隔阂。

4. 以大局为重，多补台少拆台

同事之间由于工作关系而走在一起，就要有集体意识，以大局为重，形成利益共同体。不要对同事品头论足、挑毛病，甚至恶意攻击，影响同事的形象，否则长久下去，对自身形象也不利。特别是在与外单位人接触时，要形成“团队形象”的观念，多补台少拆台，不要为自身小利而害集体大利，最好“家丑不外扬”。

5. 别太爱表现自己

适当的时间、适当的地点勇于自我表现可以提升同事对你的好感度，反之，则会给自己增添一些不必要的麻烦。

6. 对待分歧求同存异

由于经历、立场的差异，同事之间对同一个问题，往往会产生不同的看法，引起一些争论，一不小心就容易伤和气。因此，与同事有意见分歧时，一是不要过分争论。人接受新观点需要一个过程，由于好面子、好争强获胜的心理，彼此之间谁也难服谁，此时，如果过分争论，就容易激化矛盾而影响团结。二是不要一味“以和为贵”。不要涉及原则问题也不坚持、不争论，甚至随波逐流，刻意掩盖矛盾。面对问题，特别是在发生分歧时要努力寻找共同点，争取求大同存小异。实在不能达成一致时，不妨冷处理，表明“我不能接受你们的观点，我保留我的意见”，让争论淡化，又不失自己的立场。

三、与下属沟通的技巧

在职场中，不是每个下属都那么“听话”，也不可能没有失误或错误，可能还会有屡教不改的下属，经常唱反调的下属，不可能要求下属个个让人称心如意，他们虽然不能像上司一样能直接提拔你，但却是给你做事的人。只有下属的工作做得出色了，你的工作才能增色。在适当的时候给予下属关心和帮助，就算不能改变一个人，就算不能帮助所有下属，起码能让其他下属认为，你是一个不错的上司。那么，该如何与你的下属进行沟通呢？

1. 常谈心，与下属联络感情

经常与下属谈心，加强和下属的感情，做一个亲民的领导，才能了解到员工真正的内心想法。谈话可涉及对他们生活的关心、职业的发展、工作的问题、将来的方向等，有利于其他工作的开展。

2. 注意观察，配合恰当的肢体语言

在沟通的过程中要配合恰当的肢体语言。比如，在沟通谈话的过程中比较愉快，下属做出愉快接受或认同上级建议的时候，在说出鼓励性语言时，可以拍拍下属的臂膀给予鼓励，这是对下属的一种认可和安慰，有时比奖金鼓励更有用。

3. 换位思考，抓住对方的关注点

作为领导，在处理许多问题时，要设身处地，将心比心，学会站在下属的角度换位思考。领导经常在说服下属时，并不是没把道理讲清楚，而是由于领导者没有替对方着想，讲述的并不是对方所需要的。如果领导能放下架子，站在下属的角度考虑，抓住下属的关注点，这样的沟通才能顺畅。

4. 平和心态，重视并尊重员工

作为领导，也应该清楚，自己与下属在人格、人权方面都是平等的，只是工作职责、职位不同。所以，在与下属沟通时要用平和的心态，谈话中要注意下属的心理感受及变化，尊重下属的人格、权力，要站在下属的角度去想下属所顾忌所想的问题，而不是摆出“架子”去命令、肆无忌惮去批评，什么话重、有攻击性就说什么，这样会适得其反，下属也会保护自己，不会与上级真诚沟通，导致沟通的失败。

5. 多激励少斥责

夸奖要在人多的场合，批评要单独谈话，尤其是点名批评，更要尽量避免。当下属取得成绩时，应给予适度的褒奖，以表示肯定和认可，使其再接再厉，同时也激励其他人努力。对于下属工作中出现的不足或失误，不要直言训斥，更不要当着大家的面训斥，否则，会深深挫伤其自尊心，使其产生极大的抵触情绪。要同他们共同分析失误的原因，找出改进的方法和措施，并鼓励他们一定会做得很好。要知道积极的激励和消极的斥责，对于下属会造成两种不同的结果，更重要的是心理上的影响。斥责会使下属产生逆反心理，而且很难平复，给以后的工作埋下隐患。

6. 把握好个人情绪

在进行批评或指出下属工作失误或不足的沟通中，要避免情绪化。尽管下属做错事情，让你特别生气，但也不要在沟通时带有情绪。因为下属本身也不想犯错，他也很内疚了。这时下属需要的是上级的安慰、鼓励与支持，帮他找到解决问题的方法。所以，在沟通中言辞要尽量委婉，语气平和，要顾及下属的感受，帮助下属完成工作的改进。而当进行表扬或认可、鼓励性沟通时，要表现积极，让下属体会到你因为他的优秀表现、业绩及拿到的荣誉很兴奋，让下属感受到你很重视他们，并关注他们的成长。

7. 抱着虚心的精神

孔子说："三人行，必有我师焉。"就沟通的某个议题来看，从不同的角度不同的人必然有值得肯定的地方，不要有膨胀心理，应该认真倾听别人的观点，营造良好的沟通环境，不要拒人于千里之外，更不可藐视任何人。

8. 要有大度的心态

当下属对你的工作提出意见或建议时，要有大度的心态，不要脸上挂不住，更不要挟私报复。"宰相肚里能撑船"，越是大度的领导越是水平高的领导，并不会因为大度而失去威信。

9. 要想让人服，先得让人言

俗话说："要想人服，先让人言"。纵使说服的理由有一百条，也别忘了让下属先说完自己的看法，不要连听都不听，不听等于取消别人的发言权，是不信任的最直接表现。不管自己多么正确，都要让对方把话说清楚，然后再去要求下属换位思考解决问题。如果双方都设身处地去想，很可能两人能达成共识。

10. 把生活与工作分开

很多领导常常因为与某人有着相似的性格或爱好，在生活中很对脾气，就把在生活中对某人的好感转移到工作中。把生活与工作分开也是沟通中最难做到的一点。沟通要分清楚沟通的场合、沟通的内容、沟通的成绩，切忌将生活与工作混为一谈。

四、与客户沟通的技巧

良好的沟通技巧有利于我们更加有效地促成与客户的合作，即更好地掌握主动权，有了主动权也就是意味着有了控制权。

1. 与客户预约沟通的时间、地点

（1）直接预约。

既可以通过微信 、短信、电话、邮箱等直接预约，也可以将这些预约方式直接组合进行预约，但与此同时自我的专业形象也很重要。比如，可以在电话沟通之后立刻给客户发送说明邮件，并且附上公司的官网以及个人的联系方式。

（2）通过提供中间介质预约。

提供中间介质的预约方式，可以让整个预约过程缓和许多。这种方式主要是从客户角度出发，因此在预约过程中需要注意，拜访客户的动机要顺理成章才不会给客户造成太大的压力。

（3）通过中间人预约。

通过中间人的预约，效果更佳。因为中间人对于对方来说已经有了一定的信任，中间人没有固定是谁，可以是客户的朋友、公司已成交的客户、行业权威专家或者企业。

2. 给客户留下专业的印象

首次沟通一定需要给客户留下专业的印象。

（1）个人形象准备。

在接触客户时尤其需要注重自己的形象，穿符合职业气质的服装，因为着装打扮、谈吐气质都会影响客户对于公司以及产品的判断。此外，个人业务素质也很重要，比如，随身带着本子及笔，以便在与客户交流时随时做好记录。讨论产品时，眼神需要注视客户。随身携带业务包，可以随时打开电脑包，把 PPT 播放给客户以赢得客户的信任。

（2）资料准备。

不但需要准备自己公司产品的资料，还需要准备竞争对手的客户公司的信息，以及客户竞争对手及客户行业的信息资料。对于前期来说，客户对于你所在公司的产品了解不多，资料准备越是充分，客户了解得越多，就越是有利于客户在后续做选择时的清晰度。要注意收集客户的关键信息：①客户对产品或服务的需求信息。只有了解清楚客户的需求，才可能给客户精准地匹配产品。因此，要注意从客户的交流中获取客户的需求。②客户个人信息。了解客户个人信息可以知道客户的喜好，而这些信息可以从个人名片或者公司网站以及其他联系人来间接获取对方的信息。③客户公司信息。了解公司的发展规模、主营方向、公司的资金、资信问题以及客户的组织架构信息，这些可以从公司官网或者从首次沟通中获取。

（3）访谈话术准备。

一份好的销售话术是对公司产品特性以及产品竞争优势的全盘思考和提炼，具备融合公司的产品优势 、产品的卖点以及客户的需求的特点。在首次的交流中获取的信息毕竟是有限的，所以需要从不同途径中获取客户信息，以便提升销售工作中的成功概率。

3. 通过“抛出利益点”引起客户注意

在与客户交谈时，谈话要始终围绕客户所关心的话题展开，这样才会引起客户的兴趣。这里有一个重要的因素不可忽视：任何的销售过程都是在“推”和“拉”的过程中完成的，除了需要站在自身的角度出发去“推”，还要站在客户的角度去“拉”，通过点明客户的利益话术来说服客户主动了解和采购。在很多电销人员一打即挂的情况，就是因为只是在“推”，在忙着做自我介绍，而忽视了介绍可以给客户带来哪些利益，如果可以在事先准备好一句对客户利益驱动的话术，自然业绩会提升很多。

4. 通过“小动作”引起客户注意

在初次拜访时，往往会因为害怕出错而总是蹑手蹑脚，在客户面前放不开，造成紧张的局面。做一些小动作来缓解自己的紧张情绪也是非常重要的，我们可以从以下角度出发：①显示自己身份的小动作，如把一些能够代表自己身份的东西展现在客户的面前。②展示自己的诚信可用一个小故事来表示，比如，可以说：“我之前也有一位和您一样的朋友，也是和您一样的担忧，怕我们不能兑现。我记得第一次见他的时候，他像现在的您一样，有点担忧我们的产品品质，担心我们的为人，但是他给了我一次机会。然而，事实上我们相处了10年。从这里可以看出，我们一直合作的产品的质量是可以得到保障的。”这样，通过故事的展示暗示信息可以让客户有更多的好感。

第五节　人际沟通

一、与长辈沟通的技巧

很多人因为代沟的存在，不知道怎么跟长辈沟通，以致与长辈之间的隔阂越来越深。掌握和长辈沟通的技巧，有利于消除隔阂。

1. 了解、关心他们的健康状况

人们常说“身体是革命的本钱”，如果一个人身体欠佳，那么其他一切的生活活动都是毫无意义的。而老年人是身体健康状况最不容乐观的一个社会群体。他们总是会出现各种各样的问题，除却那些严重的疾病，最常见的则是视力下降、耳朵失聪、思考能力和理解力大幅下降等。所以，在与他们沟通的过程中，要理解长辈的身体状况，关心他们的健康，让他们感受到温暖。

2. 不要跟长辈硬碰硬

如果与长辈有冲突的话，请不要直接跟他们硬碰硬，毕竟很多老人家脾气都是比较倔的，而且思想观念比较固执，如果你硬要跟他们对着干的话，只会让问题更加无法解决。所以，不妨学会等到合适的时机，再慢慢沟通。

3. 收起争论，“曲线救国”

当与长辈发生争论时，不妨寻求第三方的帮助。这个第三方最好是跟长辈平级的人，而不是晚辈。因为长辈和长辈之间的想法比较接近，而且比较容易沟通。

长辈们也有种心理，就算觉得晚辈在某方面的说法有些道理，却也认为是晚辈自己单方面的想法。不妨找一些关于长辈与晚辈沟通的成功事例或失败事例。比如，新闻、杂志或电视剧，让长辈自己去看去思考，然后你旁敲侧击，这样会事半功倍。

4. 学会尊重长辈

长辈与年轻人之间难免会有思想和观念上的差异，或是生活习惯的差异，或是处事风格的差异，两者之间是很容易出现矛盾以及代沟的。长辈走过的路比较长，懂得的人生道理也比较多和深刻，我们应该学会去尊重和理解他们。懂得尊老爱幼的人，才能够更真心地去爱戴自己的长辈，当你向长辈伸出橄榄枝的时候，长辈们也会喜爱你的。

5. 走入长辈世界

长辈常常有一些观点让你感到过时、老套。这时候，千万不要正面去批评，伤害他们的自尊。因为长辈和我们生长的环境、时代背景是不一样的，他们接受的观念跟我们也有很大的差别。不妨学着走入长辈的世界中，陪伴他们做他们喜欢的事情，聆听一下长辈对一些事物的看法。当你跟长辈接触多了，你可能会发现原来他们的世界观、人生观和价值观是这么形成的，你也就能够更好地接纳和理解他们了。多从他们的角度思考和解决问题，就会减少跟长辈的冲突。

6. 带领长辈认识新事物

长辈如果很少接触新事物，思想观念就会跟不上时代，与之沟通和交流存在很多阻隔也就在所难免，更别说良好的互动了。所以，不妨多带领自己的长辈走出闭塞的环境，认识一些新事物。当长辈的眼界宽阔了，跟你自然就更容易沟通了。

二、与朋友沟通的技巧

1. 做人要大度

与朋友相处时一定要大度，正所谓“人非圣贤，孰能无过”。朋友也是人，也会犯错误，我们不能总是抓住朋友的错误和缺点不放，只有真正做到严于律己，宽以待人，才能真正和朋友相处，也才能交到真正的好朋友。

2. 信任朋友

古语有云：“信人者，人恒信之。”也就是说，要想处理好朋友之间的关系，要想让朋友信任你，就要首先去相信朋友，真正做到以“诚”为本才是和朋友相处的根本。

3. 患难之中才能见真情

朋友之间的友谊不是靠甜言蜜语来维系的，真正的友谊是经得起时间和环境的考验的，平时只有肉麻的吹捧，大难临头却各自飞的友谊是我们该唾弃的。能在关键时刻给予我们切实的支持或劝你悬崖勒马的人才是真朋友、真君子，在关键的时候把你推向火坑的人是假朋友、真小人。

4. 友谊是靠感情来维系的

友谊是靠感情来维系的，而不是靠金钱、礼物来维持，正所谓“千里送鹅毛，礼轻情谊重”。能够在你开心的时候给你送来一句简单的祝福，能够在你烦恼的时候给你一句淡淡的问候，这样的朋友才是交心的好友。要尽可能鼓励别人，要称赞他获得的成果，即使是很小的成功。称赞如同阳光，缺少它我们就没有生长的养分。记住，你的称赞永远都不会多余。

5. 不触碰朋友底线

朋友之间的交往也要把握分寸，言行举止适可而止，不要触碰朋友的底线。比如，朋友间，会开一些玩笑，但是开玩笑也要适可而止，点到为止，不要说过分的话，不要因为一个玩笑触碰了朋友的底线，影响了友情。

三、与陌生人沟通的技巧

善于和陌生人交往和沟通，是每个人在人生发展过程中必须解决的问题，我们要改变观念，主动和他人沟通，锻炼自己。当与陌生人相遇时，把这种今生的相遇看成是缘分，也许此次见面，挥手一别，再也没有见面的缘分了，所以，要珍惜这瞬间的相处，尽量使彼此留下愉快的记忆。这种惜缘的态度，往往能主动化解陌生人交往的心理戒备，发展出良好的人际关系。

1. 察言观色，寻找共同点

一个人的心理状态、精神追求、生活爱好等，或多或少在他们的表情、服饰、谈吐、举止等方面有所表现，只要善于观察就会发现共同点。察言观色还要和自己的情趣爱好相结合，沟通双方都有兴趣，打破沉寂的气氛才有可能。

2. 以话试探，观察共同点

可以打招呼的方式开场，询问对方，从中获取信息；可以通过对方说话的口音、言辞，观察对方情况；可以帮对方做些急需帮忙的事，打开交际沉寂的局面。

3. 听人介绍，发现共同点

熟人领来一位陌生人，熟人会介绍你们认识，细心地从介绍中发现对方与自己的共同点，寻找共同话题就不会那么生疏了。发现共同点，然后在交谈中延伸，可能会不断发现新的共同关心的话题。

4. 揣摩谈话，探索共同点

为了发现陌生人和自己的共同点，可以在陌生人同别人谈话时留心分析、揣摩，也可以在对方和自己交谈时揣摩对方的话题，从中发现共同点。

5. 步步深入，挖掘共同点

随着交谈的深入，共同点会越来越多，必须一步步挖掘共同点，才能如愿以偿。

参考文献：

[1]李颖娟，丁旭．人际沟通与交流[M].2 版．北京：清华大学出版社，2015.

[2]刘瑶．交流与沟通能力训练[M]．北京：北京师范大学出版社，2013.

[3]卢冬明．大学生人际关系与沟通能力培养[M]．北京：北京理工大学出版社，2016.

[4]张鑫．人际交往与沟通能力培养[M]．成都：西南交通大学出版社，2011.

[5]苗杰．职业沟通能力提升实训教程[M]．北京：中国轻工业出版社，2016.

第七章　艺术修养管理

第一节　艺术修养

一、艺术修养的含义

艺术修养是指一个人的艺术知识和技巧能力的情况和水平。艺术修养是个人素质修养不可忽视的重要体现和反映，是个人能够享用一辈子的财富，但是个人的艺术修养不是与生俱来的，它是在艺术实践中锻炼和培养出来的。艺术修养不是人生中一层可有可无的涂料，它是一种生命和灵魂的与众不同的存在状态，是一种有着重大的实质性意义的心智和人格魅力。在纷繁复杂的社会环境中，逐渐提高的艺术修养一定会使生命更有深度和厚度。

二、艺术修养的内容

艺术修养所包含的内容丰富多样，主要集中体现在思想、知识、情感和艺术四个方面。虽然艺术各个类别的知识各不相同，但作为人类的精神产品却有着相互联系和相互连通的共同特性。因此，只有广为了解全世界各不相同的艺术门类的学科知识，并且能够学会融会贯通、自成一格，才能够进一步提高自身的艺术修养。

（一）思想修养

艺术作品能够反映和揭示艺术创作者深邃的思想内涵和意识观念。艺术家只有对社会的发展规律和人生真谛进行深入的体察和领悟从而产生独特的认识和发现精辟的见解，才能创造出优秀的作品。在艺术史上，众多的艺术名作都是有其独具一格、与众不同的思想内涵和哲理见地的。

思想修养和人生观、价值观、审美观密切联系，思想的实质就是世界观、人生观、价值观、审美观等观念的总和。艺术创作者思想修养的根本在于树立先进的世界观。先进的世界观能够让艺术创作者较恰当准确地通过观察、体验来认识主观和客观世界，逐步形成正确的创作动机和创作目标，进而考虑合理适当的创作方法来提高艺术作品的风格格调和艺术品位，促使激发健康的情感体验，塑造高尚的艺术审美境界。

（二）知识修养

要想成为卓越优秀的艺术创作者，一定要加强提高知识修养，具有渊博精深的知识常识和合理充分的知识结构。艺术创作者如果只是有精湛的技艺，没有深厚的知识作铺垫，作品即使再精彩，也不会产生深刻的影响。艺术创作者要展现出来的是整个社会的生活形态和大千世界，因此不管是自然科学知识、社会科学知识还是社会生活知识、艺术理论知识等都会涉及，需要博古通今、学贯中西。

1. 自然科学知识修养

当今人类社会已经进入知识经济时代，科技成为第一生产力。从社会生活中可以看出，自然科学知识日趋显现其极为重要和关键的作用，并融入艺术创作的各个领域和各个方面。它不仅是艺术表现的对象之一，也是艺术创作和传播的工具与方式。许多新的艺术形式都依靠科技，如影像艺术、装置艺术、借助电脑创作等。因此，加强自然科学知识的学识修养是不可缺少的修养之一。

2. 社会科学知识修养

艺术表现的对象是以人为中心的艺术并与社会密切相关。只有具备广博丰富的社会科学知识，才能更深入地认识和了解社会、了解人，并进行更好地交流沟通，产生渊博深刻的人生感悟和社会体验，形成独具特色的真知灼见，从而创造出独具特色的佳作。

3. 社会生活知识修养

日常生活经验和知识的广度与深度直接关系到艺术素质的养成。生活知识的内容包罗万象，不仅包含了历史的、民族的、地域的、时空的知识等，还包含了政治、经济、科技、文化、伦理、法律、宗教等方面的内容。只有尽可能掌握、熟悉这些理论知识，逐步形成良好的生活知识积淀和文化底蕴，才能更好地以艺术作品反映生活、体现生活。

4. 艺术理论知识修养

虽然艺术的各个门类的知识各不相同，但是作为人类的精神产品，它们有着相通的共同特点。只有相当多地了解和认识世界经典的艺术作品，猎取各种不同艺术门类的知识，并且能融会贯通，才能够扬长避短得以进一步提升艺术理论知识修养。

（三）情感修养

情感对于艺术来讲，是其不可忽视的重要特征，没有让人感动的审美情感，就不会有艺术的美。艺术创作者要有非常强烈的健康情感、非常完善的审美情感和非常独立的人格。相对来说，艺术创作者比一般人的情感更加具有敏感性、易发性、持久性等。艺术创作者的情感是日常生活情感的升华转化，它的品位要求更高，还需要有独立完善的人格、高尚的内心情感，如此才能够展现出人格的魅力，才能够让艺术作品更具有生命力、感染力、想象力、创造力，从而产生更为久远、更为广泛的影响。

（四）艺术修养

艺术创作的能力包含敏锐的感受能力、丰富的艺术想象力和精湛的艺术技巧。艺术创造的先决条件是感受事物；艺术才华的基础根源是丰富的想象；艺术才能在艺术创作中的集中体现靠的是艺术技巧。艺术才能是艺术家从事艺术创作的能力，这种能力主要表现为娴熟的艺术技巧。所以艺术创作者提高艺术修养以及艺术审美的创造能力，与提高艺术技巧密不可分。

三、艺术修养的意义

1. 艺术的认识价值

艺术是具有认识价值的。优秀的艺术作品能够成功再现社会生活，深刻地反映社会历史。提高个人的艺术修养，有助于更为深刻地了解作品的社会意义，更加全面地欣赏艺术作品以及理解社会、人生和真实世界，从而增强历史责任感。

2. 艺术的享受和娱乐价值

艺术还具有享受和娱乐的价值。注意提升个人的艺术修养，可以丰富个人的精神生活，帮助个人获取更多更高尚的艺术享受，从而提升个人对生活的感情，娱乐价值也会随之提高。如此，个人在社会群体中的形象也将越来越丰满和富有人情味，更加能够和群体交融在一起。

3. 艺术的思想情感和生活信念

每部艺术作品都反映了创作者要表达的思想感情和生活信念。注意提升个人的艺术修养，能够借此汲取一切进步的思想营养和向上的精神力量，能够更为深刻地领悟优秀艺术作品进步的、发展的思想倾向。艺术作品是通过人物形象这个途径来感染读者和观众的，所以对思想的熏陶作用也更有效果。

4. 艺术的道德价值

艺术还具有道德的价值。出色的艺术作品所展现出的艺术形象，对个人的思想道德观念和人生选择方面有着相当程度的影响。注重艺术修养，便可以通过进步积极的艺术形象，学习和吸收进步的道德观念，随之逐渐培养道德情操。

一个富有艺术修养的人，可能他的外在境遇不一定很好，但是他的内心世界、精神生活一定会比别人更为丰裕和充满活力。一个有艺术修养的人，无论其做什么工作，总会比别人更能体谅人、更仁慈、更幽默、更容易展示个性、更加从容洒脱。很多优秀的人能以他们的辉煌业绩影响他人，产生广泛的威慑力，往往是因为他们身上具有的那份最具魅力的艺术素质。如此来说，艺术修养是一种气质，是具有人格魅力的。

第二节　如何提高艺术修养

艺术修养是一个人对关于艺术的各个领域、各个方面由浅到深的研修学习，通过一番坚持不懈的努力而达到某种艺术境界。要提高自己的艺术修养，不只是提高自己艺术技能方面的能力，还要有艺术的创造能力、审美能力和鉴赏能力，更要有正确的世界观、艺术观念和宽阔的心胸。

一、提升艺术技能

从基础做起，从零开始，脚踏实地一步一步地坚持不断地练习和实践；失败了也不要紧，学会从失败中吸取经验，不断进步。除了不断进行自身的练习外，还要多观摩学习别人的艺术作品，多参加不同派别的艺术活动和各种各样的比赛，从活动中吸取有用的东西，取长补短。

二、培养艺术创造力

不要局限于某种艺术既定的模式，被条条框框限制，要有创新，在现有的某些艺术的基础上，创造构建全新的艺术领域。人的审美观念等都会随着社会的持续发展而不断发生改变，艺术的创造也应随着社会的发展潮流而创新和变化，以符合人们的审美情趣。

三、培养艺术审美能力

有会听音乐的耳朵，才能欣赏音乐；有敏锐的眼睛，才会辨别形态的美……古今中外，一切优秀的艺术作品都需要我们去接触，要多看、多读、多欣赏，还要多向同行前辈探讨艺术作品，借以锻炼自己的形象思维能力，唯有这样，个人的艺术审美能力才能逐步提高，审美感受才会随之加强，从而使身心能健康发展，得益多多。

四、培养艺术鉴赏能力

如果你有鉴赏的能力，就说明你已经具备了一定的艺术修养。也就是说，如果你的鉴赏能力提高了，那么你的艺术修养也会提高。提升个人对某一种艺术的鉴赏能力，同样是需要实践的，多参与其他作品的鉴别，多尝试分析、讲解作品；多与艺术家们探讨、学习作品的优点和不足之处。除此之外，在欣赏方面还需要向那些具有某种艺术专长的人寻求帮助和指导，往往专家的意见和见解是会影响甚至改变个人的兴趣和观点的。通过进行具体的分析和讲解艺术作品，有利于加深对艺术作品的认识、理解和感受体验，累积大量的鉴赏经验，从而提高自身的鉴赏能力。

五、树立正确的世界观和艺术观念

人的道德观、心理认知、艺术趣味、审美能力等和世界观是紧密联系的，要领会艺术作品的艺术美及其所表达的思想境界，欣赏者必须要有正确的世界观和艺术观念作为指导。欣赏者不能只接受仅限于一隅之地的艺术，故步自封，要能接受其他形式的艺术，更要有一个容纳其他艺术的心。正如大家都熟悉的一句话“音乐无国界”，就是一个非常好的体现。对外国的音乐给予认可，取长补短，更能创造出动听感人的音乐。

六、拥有宽阔的心胸

一个心胸狭窄的人，即使他的艺术技能很高，他的艺术修养也绝不可能提高到更高的层次。心胸决定了艺术作品的思想和情感高度。心胸宽阔的人，他的心能够容纳百川，宽以待人，无论待人或接物都有礼真诚，如此形成了一个人独特的艺术气质，即艺术修养。

第三节 大学生艺术修养的培养

大学生如何培养个人的艺术修养呢？首先要对几个主要的艺术门类有一个大致的了解，以此掌握鉴赏必须具备的一些基本知识，从而拓宽鉴赏的方法和技能。当我们畅游在人类文明发展的硕果里，领略艺术家们精美绝伦的艺术作品时，我们浮躁的内心就会安静下来，从而体验到人世间的真善美，我们也会因此而变得越来越从容沉静，越来越豁达朴素，愈发大度优雅。

一、文学鉴赏能力的培养

（一）文学作品欣赏概述

文学欣赏是读者为了满足审美需要，在理解文学作品的基础上，通过想象、联想、情感、思维、再创造等心理活动，以追求理论著作的可读性和趣味性。它是人们在阅读文学作品时产生的一种审美精神活动。

文学欣赏有如下特点：一是主观性。作为欣赏者，自始至终要调动自己的思想、文化等多方面的修养，以及紧密结合个人生活经验的储备，运用联想来丰富作品的内容，从而对作品进行深入的理解，以便开展对文学作品的欣赏。欣赏者的审美必须要围绕作品提供的客观基础、基本信息、作品形象的性格特征等。二是共鸣性。文学欣赏的共鸣是审美心理上的共鸣，指读者在欣赏作品时产生的情感反应和心理认同感。其主要有两种形态，即读者与作者、读者与读者的共鸣。不管是哪一种共鸣，都需要有大致相同的情感基础、情感体验才能产生共鸣。三是再创造性。文学欣赏的再创造性，实质上就是读者根据自己的生活阅历、情感体验和文化涵养等，在对文学作品进行阅读欣赏的时候展开联想，进行加工和头脑补充，把文学作品的形象转化成为自己脑中的形象。

文学欣赏的过程分为四个阶段。一是准备阶段，即文化的储备和期待的视野。二是发生阶段，主要指读者通过语言载体，形成对文学作品欣赏的注意，感知文学形象的阶段。文学创作是塑造形象的过程，而文学欣赏则是再现形象的过程。三是发展阶段，主要是对文学作品意蕴的进一步把握，展开联想和持续的情感反应。最后是延留阶段，主要是读者对文学作品从感性认识到理性认识的飞跃，是欣赏活动的最高境界。它的表现有回味，还有融入。

在文学发展的历史上，文学的体裁丰富多样，这些体裁都具有一定的社会根据及其本身的发展规律，在它们产生和发展的过程中，逐步形成了各自的风格特点，这些特点具体体现在形象塑造、语言运用和组织结构等方面。

（二）文学作品欣赏方法

这里主要介绍四大文学体裁——小说、诗歌、散文、戏剧剧本欣赏的方法。

1. 小说欣赏的方法

可以从小说的三要素和主题、语言入手。

（1）对人物形象的欣赏。

一般来说，首先，从作者对小说中人物的介绍和评价来看人物的形象；其次，看人物的语言、行动和心理描写，从这些方面来分析把握人物的形象；再次，从小说中描述的人物活动的社会历史背景来理解人物形象；最后，从多种不同的角度来对小说中的人物展开面面观，多视角分析人物形象。

（2）对故事情节的欣赏。

一是要找出线索，弄清楚故事情节的来龙去脉、前因后果；二是从事件里面看人物性格特征，要知道人物形象的塑造紧紧跟随着故事情节的发展，情节是为人物形象的塑造而服务的；三是见微知著，从小说描述的场景画面和点滴细节来分析故事情节对表现主题的作用和意义。

（3）对小说环境的欣赏。

小说的故事环境对主题思想是有着暗示作用的；环境的塑造对故事中的人物形象有烘托的作用；故事中的环境对小说氛围的营造也是颇有影响的，有什么样的环境小说便处于什么样的氛围之中；除此之外，环境对小说的故事发展还有推动的作用。

（4）对小说主题的欣赏。

往往作者的写作背景和生活经历对小说主题的确定影响很大。从作者的写作背景看小说的主题，能够更加贴切地理解作者的写作意图，了解小说的主题；小说中人物的塑造，也是为了主题而创造的，因此从人物塑造看主题，更能深入理解作者想要表达的思想内涵；小说中故事情节的发展是围绕着主题的线索一路进行下去的，从情节发展看主题，能够做到更加准确的把握；小说中语言的表达充分体现了故事人物和情节的发展，从语言的情感色彩看主题，能更有效地帮助理解；全面把握小说的各个情节，从整体倾向看主题，对小说的思想情感表达将理解得更加深入。

（5）对小说语言的欣赏。

对小说中的语言，要细细欣赏慢慢品味，进而进入美感的享受。联系小说中体现的语境，展开丰富的联想，想象故事中的各种情景，以达到欣赏小说语言的美感。除此之外，感悟小说的言外之意，能欣赏小说中蕴含的含蓄之美；从小说的语言欣赏里面，我们还能感知作家的艺术风格。

2. 诗歌欣赏的方法

（1）欣赏语言。

要重复诵读，品味诗歌的韵律；抓诗歌里面的关键词，仔细推敲语言。

（2）欣赏形象。

捕捉意向，体味诗情；调动想象，领略意境。

（3）欣赏感情。

了解创作者并研究其所处的时代背景，找准内心的情感；比喻象征，发掘诗歌的含义。

3. 散文欣赏的方法

（1）思想内涵。

散文立意是否深刻而有意义，既是一篇散文的灵魂所在，也是区别散文品位高低的一个重要尺度。但凡优秀的散文佳作，多有深刻的思想内涵，或催人猛醒，或促人深思。还有一类散文佳作，未必包含什么重大深刻的含义，仅是抒写作者的一种情感。如林语堂所说："方寸中一种心境，一点佳意，一股牢骚，一把幽情。"但其格调健康，别有情趣，也同样是有意义的。

（2）结构布局。

"形散而神不散"是散文最大的特点。散文的"散"是指它的行文结构、谋篇布局和内容取材可以不拘一格、自由灵活，凡所见、所思、所感均可入文，可以任意组合、灵活安排。但是，"散"并非毫无节制，一盘散沙，它总要使看似无拘无束的行文围绕着某一思想、某一感触或某一瞬间的顿悟去展开、延伸，最终恰到好处又不漏痕迹地使这些思想或感触得到一种自然和谐、没有拘束而又浑然一体、独具一格的最佳境界。

（3）语言表现。

出色的散文作品，不但要有敏锐的思想、自然和谐的结构，还应该具有富于艺术表现力的语言。只有这样，才能将作者的思想感情充分而准确、完美且富有感染力地表现出来，打动读者。散文的语言风格、表现形式多种多样，归纳起来有以下几种：一是典雅优美；二是自然朴实；三是生动形象；四是简洁明快。总之，多姿多彩的艺术语言构成了散文的整个世界。

4. 戏剧剧本欣赏的方法

（1）了解剧本所体现的戏剧冲突。

戏剧冲突指的是剧作家以纷繁复杂的社会生活为素材，根据创作意图的需要，高度典型化了的矛盾冲突。戏剧冲突是构成剧本的根本因素，也是戏剧反映社会生活的重要方式。欣赏戏剧剧本的时候，要懂得抓住剧本所体现的矛盾冲突，探究造成冲突的根本原因是什么，进而弄清楚故事的情节结构，了解剧本所揭示和反映的社会生活，感悟剧本的思想内容和典型意义。

（2）了解剧本的舞台性。

戏剧演出受舞台条件的限制，具有间接、概括、集中的特点。剧本要展开矛盾冲突，塑造人物形象，浓缩社会生活形象，必须要在高度集中的时间和空间里进行。

（3）了解戏剧的语言。

戏剧语言包含了人物语言和舞台说明。人物语言就是人们常说的台词，它包括了对话、独白、旁白、唱词等内容。舞台说明则是一种叙述语言，是用来说明人物的动作、心理及舞台布景、环境等因素，对展开戏剧情节、表现人物性格起着辅助的作用，它是剧本中不可缺少的组成部分。戏剧中，个性化的语言体现了人物的思想性格。

对于各种文学作品的欣赏，读者有自己的独立思考，有自己的独特感受和见解，那就是非常珍贵难得的收获，值得肯定。

二、音乐鉴赏能力的培养

（一）音乐作品欣赏概述

人类社会中音乐的起源非常久远，它起源于古老的洪荒时代。那个时候，人类还没有产生语言，就已经会用声音的高低强弱来表达自己的思想情感了。随着人类劳动的发展，最原始的音乐雏形是最初的劳动号子，而原始的乐器雏形则是可敲打的石器等。

音乐是人类生活中不可缺少的一部分。人类的精神生活从一开始就有音乐：原始人类用石块敲击木头，形成节奏。而语言则是音乐的初始形态。因为当时人们的语言结构尚不完善，在表达幻想、欲望、企盼、激动等思想感情和精神领域时，往往不能准确地传达心意，于是就用一些高低、大小、长短不等的音调来替代语言，由此，音乐就渐渐形成了。

音乐是用有组织的乐音来表达人们思想感情、反映现实生活的一种艺术形式。其特点是情感性特别强烈，容易把人带进一种美妙的感情世界。可以说，音乐是人们表达感情的一种特殊语言。比如，内心悲哀的时候，发出的声音急促而衰弱；内心快乐的时候，发出的声音平缓和谐而绵长；内心喜悦的时候，发出的声音是昂扬且爽朗的；内心愤怒的时候，发出的声音粗野而凄厉；内心庄严时，发出的声音正直而清白；内心爱慕时，发出的声音温和而柔软……在生活中，音乐可以准确地表达或者表现事物，无论美或丑，都可以用音乐来表达。

为了表达一定的音乐形象，音乐要有它自己的表现手段，如节奏、速度、力度、旋律、和声、调式、曲式、织体等。由这些基本要素相互结合，构成音乐常用的“形式要素”，即音乐的表现手段。

音乐分为声乐和器乐两种类别。声乐以人声分类，分为男声、女声和童声，或高音、中音和低音。器乐以乐器分类，分为弦乐、管乐、打击乐等。歌曲的体裁有颂歌、劳动歌曲、抒情歌曲、叙事歌曲、进行曲等。器乐作品的体裁有序曲、协奏曲、奏鸣曲、交响曲、交响诗等。在演唱（奏）方式上有独唱（奏）、合唱（奏）、重唱（奏）、齐唱（奏）等。

（二）音乐作品欣赏方法

音乐欣赏是一种审美活动。它的标准是由一定的时代、民族、社会阶层的审美趣味所决定的。艺术美包含形式的美和内容的美，形式美只是艺术美的一个方面，艺术作品的内容美更为重要。

音乐欣赏一般分成三个阶段，第一个阶段是官能的欣赏，第二个阶段是感情的欣赏，第三个阶段是理智的欣赏。官能的欣赏是比较低层次、肤浅的欣赏，它主要是悦耳好听的感受。要较全面地感悟领会一个音乐作品，以此获得完美深刻的艺术享受和情感体验，除了官能的欣赏，还必须要让音乐作品进入感情的欣赏和理智的欣赏。

1. 了解音乐作品的时代背景

音乐作品不是孤立存在的，与其产生的时期、时代背景及文化背景紧密联系。故在音乐学习中，讲音乐作品就少不了要介绍作曲家的生平及创作的时代背景。恰当的背景知识的介绍，能够让人顺利、快速进入音乐欣赏的艺术情景当中，有助于我们进一步准确把握作品的风格和理解作品的主题。

2. 掌握音乐作品的民族特征

所有的音乐都来自人民，来自生活，它植根于民族民间音乐的土壤，具有各自的民族特征。有些作品概括地体现了民族民间音乐的某些特点和特性，有些作品则与具体的民族民间音乐保持着密切的联系。

3. 运用音乐作品的标题

标题是指说明作品内容的一段文字，有时候也可以是一个题目。音乐作品的标题在某种程度上是对欣赏者的一种提示，概括了某一个或者某一部分音乐作品的主题。通过标题可以初步了解乐曲所要表达的内容，以及对音乐作品的内容情感。

4. 理解音乐语言

音色、旋律、和声、织体、节奏乃至各种曲式结构等都是音乐的形式要素。音乐欣赏学中不能忽略的一点是，不管是什么类型的音乐欣赏方法，都需要以音乐形式要素的感知为基础。这些要素在作曲家的巧妙安排下，共同构成一个错综而有序的整体。一首音乐要做到同时具有思想内容和艺术美，需要通过各种要素的组合才能表现出来。我们在音乐欣赏的过程中，在听觉上需要有与这种复杂的音乐形式相适应的感知能力。

音乐是表现人们的思想感情、揭示社会现实生活的艺术，是人类生活中不可缺少的组成部分。如今，越来越多的人都在努力地让自己学会理解音乐。学会理解和欣赏音乐，并非必须到音乐艺术院校去深造。只要坚持经常地、带着兴趣与情感系统地听音乐，反复细听一部作品，渐渐习惯音响轮廓，使那些最初显得模糊不清的旋律，逐渐地变成一个个清晰、明确的线条，你的头脑中就会展示出这一音乐特有的逻辑和情感，如此在这个由简到繁、由易到难的过程中，逐步完善并发展自己的音乐感受能力，就会掌握欣赏音乐的秘诀。

三、美术鉴赏能力的培养

（一）美术作品鉴赏概述

马克思说："如果愿意欣赏艺术，你必须是一个有艺术修养的人。"对美术作品进行鉴赏活动，前提条件是必须要有美术的基本知识。要进行实质性的鉴赏活动，必须要能够对美术作品的基本类别和一般的表现方法进行鉴别。

美术又称造型艺术、视觉艺术、空间艺术、静态艺术，是指艺术家运用颜色、纸张、画布、泥土、石头、木料、金属等物质材料，塑造可以观看的平面或者立体的视觉形象，以反映自然和社会生活，表达艺术家思想观念和感情的一种艺术活动。

美术可划分为绘画、雕塑、建筑、设计（工艺）、书法（篆刻）、摄影六大类，还可以按照它的材料、功能、题材、内容等进行更为细致的划分。

美术作品展现出的某种格调和气派就是美术风格。美术的艺术风格有个人风格、群体风格、区域风格、民族风格、时代风格等，它们具有独特性、稳定性、多样性及同一性这些特征。美术流派是由一些风格相近的艺术家所形成的具有传承发展意义的艺术流派。从方法论上看，美术流派主要有现实主义和浪漫主义。

美术是社会存在的产物，因此它具有一定的社会功能。主要表现在以下三个方面：一是认识功能。通过美术作品表现出来的内容以及形式，可以增长多方面的知识，提高认识，可以认识不同时代、民族、文化和社会制度的人们的生活、历史、风俗、行为、观念等，甚至包括我们自己在内的全部世界。二是教育功能。美术作品通过题材所表现出来的内容和主题，能感染、影响观众的思想和道德，可以培养人们在对待各方事物的积极心态和热情，具体来说，如热爱祖国、热爱自然、热爱生命、锐意进取等。三是审美功能。美术作品能够培养人们对美的事物、美的形式的感受能力、辨别能力和敏感性。

美术鉴赏就是人们运用已有的生活经验、视觉感知、审美能力等对美术作品进行感受、体验、联想、分析、判断的欣赏与鉴别过程，使鉴赏者获得审美享受和能力，陶冶情操，理解美术作品与美术现象的特殊的精神活动，鉴赏的过程也是鉴赏者对美术作品再创作的过程。在美术鉴赏中，“鉴”是手段，是基础，“赏”是目的，“鉴”是为“赏”服务的。

美术鉴赏不仅仅是对知识的学习，更重要的是培养人认识世界的能力、审美的眼睛和健康的审美情趣以及有益于未来人生的发展。它最终的意义在于陶冶人的情感，净化人的思想，完善人的品格，从而使身心得到和谐发展，升华精神境界，美化自身。

（二）美术作品鉴赏方法

感知、理解、想象、情感这四个环节是美术鉴赏的心理活动机制。感知就如同审美心理的窗口，较为直接；理解则是审美心理的阳光，通向对作品的更进一步的认识；想象是审美心理的翅膀，发散思维，充满意境；情感是审美心理的润滑剂，促进对作品的理解和领悟。它们之间是相互联系、有机作用、缺一不可的整体。

美术鉴赏既牵涉到美术作品本身的艺术魅力与审美价值，还牵涉到鉴赏者的知识、能力、修养和复杂的心理过程。

1. 对美术作品的内容和形式、意蕴与气韵的欣赏

对美术作品内容的欣赏是一种比较普遍而传统的欣赏方法，一般的规律都是先看作品的内容表达的是什么，再了解作品的时代背景和创作者的生平简介、创作目的等，接着逐渐加强对作品主题思想的理解和把握，最后再探究作者是怎样表现出来的。那些具有再现性的、有经典故事情节、富于文学色彩的美术作品比较适合用这种欣赏方法。欣赏者的知识积累越是丰富，越能有助于深入理解作品的思想内容和精神内涵。与此同时，需要注意在欣赏这一类以表现情节内容为主的美术作品时，不能因为作品的

内容、形象性突出，而忽视了感受作品的形式美。

有些美术作品，经常是在我们还没有看到它表现的具体内容的时候，就被它优雅的形式美感吸引了过去。就好像一首动听的歌曲，在我们还不知道是什么歌词的时候，就被歌曲优美动听的旋律打动心扉。由此可见，艺术作品构成的形式本身就是具有欣赏价值的，它就是形式美的一种体现。

欣赏方法以形式为主的，其更强调欣赏的直觉性，一般不需要太多的理性分析，就可以直接感受作品形式语言所带来的情感表达。对这种类型的作品，我们不一定非要读懂它所表现的内容才去欣赏它，因为艺术家创作它的目的，并不在于要表现怎样的内容，很多美术作品，就很注重艺术形式语言的探索，通过形式语言来传达心境与意象，所以，我们应注意学习各类美术作品的形式语言特征以及掌握其形式美的法则，了解作者生平事迹和艺术追求，多读一些跟艺术作品相关的评论文章，才能取得更好的欣赏效果。

意蕴与气韵是艺术作品的最高境界，它是在有限的艺术形象中蕴含的无限的精神内涵。它们具有多义性、模糊性和不可言传性的特点。我们在艺术鉴赏中，时常会有这样的体验，有些艺术作品我们觉得它好，便能说出此作品好在哪里，这个其实是对艺术作品内容或艺术形式的赞美，但这并不是艺术作品的最好之处，艺术作品的最好之处是，我们觉得它好，但好在哪里、如何好却又说不上来，这才是走进艺术鉴赏的最高境界，是对艺术作品的气韵和意蕴的鉴赏。

2. 感悟式鉴赏

感悟式鉴赏所要求的主要是从欣赏者自身的经验出发，充分发挥想象力，充满激情地去欣赏美术作品。在欣赏的过程中，思维不要受到任何束缚与限制，根据情感表达充分发挥丰富的想象力，领会作品深刻内涵，这种鉴赏方法比较适合用于写意性和表现性的艺术作品，主要是因为这一类作品所追求的不是客观地表现形象，而是通过主观化的形象处理来表达艺术家的情感。

3. 社会学式鉴赏

美术这种文化现象并非只存在真空环境之中，它有着特定的社会阶层和社会生活的烙印，要理解不同创作目的及社会背景对艺术家的影响。这些因素不只是单靠表面的观察就能完全了解的，因此社会学式鉴赏的核心在于探究、追问，了解作品的主题，发现作品的独特之处，并要了解一定的文化背景，积累一定的知识才能有很好的把握。

4. 比较式鉴赏

更好地把握每件作品的特色是比较式鉴赏的目的。通常来说，有比较才有鉴别，没有比较就没有鉴别，比较是美术欣赏较为重要的手段之一。但在比较式鉴赏中，需要根据具体情况来分析。我们只有用比较的方法欣赏美术作品，才能很好地理解某些作品。美术作品的好坏是可以通过比较来确定的，但在很多情况下作品之间并不存在谁好谁坏的问题，仅仅是表现方式和风格上的不同而已。比较内容主要是形式方面的，但根据这些形式方面的差异也可以引导我们去寻找原因，这就需要涉及一些社会因素了。比较的方法其实就是几种鉴赏方法的综合运用，具体对比哪些内容还需要依靠感觉的指引等。

以上介绍的这几种鉴赏方法，在美术欣赏实践中，应有针对性地灵活运用，可根据自己的欣赏目的着重地选择。综合运用这些鉴赏方法，才能全面而深入地读懂这些美术作品。美术鉴赏就是从视觉接受到理性认识的过程，美术形式毫无疑问是具有先行性的，鉴赏者必须通过对作品形式的感受、释读、体验，才能把握作品的内在意蕴和内容。

欣赏者在欣赏美术作品的过程中，根据欣赏活动的特点，需要注意以下这些事项：一是要有与作品相适应的心理准备和审美态度；二是要调动自己积极的审美联想和想象能力；三是要融入真实的情感，把自己的情感融入美术形象中，从而产生审美共鸣，才能获得审美感动和审美体验；四是要结合审美的感性感受和理性思维分析，才能把握作品的内涵意义，理解作品的意蕴；五是要反复欣赏、感受、体验，深入体味，直到全面把握作品形式和内容，获得更高的审美体验。

总而言之，我们在欣赏美术作品的时候，不仅要注意从视觉上把握作品形式形象，还需要理解艺术家对美术形象内涵的定义。重视欣赏感受体验的同时，还要调动自己丰富的联想和给予深刻的理性分析，从而获得独到的审美认识。

四、舞蹈鉴赏能力的培养

（一）舞蹈作品鉴赏概述

舞蹈鉴赏则是一门很美妙也极富学问的艺术。一个舞蹈作品并不是单纯的肢体动作，它反映的是一种社会生活、民俗风情等，同时也融入了舞者自身的感情在里面。那么什么是舞蹈艺术呢？舞蹈艺术，是指以经过提炼和组织的节奏化、造型化、虚拟化了的人体动作为主要表现手段，着重表现那些语言文字难以表现的人类内在的深层的精神世界，是一种集合了空间性、时间性、综合性为一体的艺术表演形式。

舞蹈艺术有以下几个特点：一是人的自然形态的动作只有经过节奏化、动律化的提炼，才能成为舞蹈动作，因此，节奏性是舞蹈动作构成的基本要素；二是由于舞蹈要表达鲜明的人物思想、性格和情感，因此需要借助经过集中、概括和美化了的最为生动、最有表现力的造型来塑造具有典型性的形象，因而造型性是舞蹈形象审美的必要条件；三是由于舞蹈表演所使用的载体主要是人体，它的表现手段是通过人的表情、姿态来表达那些用言语或其他艺术手段难以表现的人物内心世界及更深层次的审美情感，要求用高度凝练了的、程式化了的舞蹈语言，通过着重表达人们的内心情感活动变化来反映社会现实，因此，舞蹈艺术具有高度凝练和程式化的基本特征。

由于舞蹈艺术以经过提炼和组织的形体动作语言作为主要表现手段，所以它是一门主体性很强的艺术形式；又由于舞蹈艺术要表现那些语言文字难以表现的、人类内在的、深层次的精神世界，还需要借助音乐、文学、雕塑、美术、服装、道具、灯光、布景等多种艺术手段来一起塑造舞蹈艺术的形象，所以它又是一门综合性的艺术形式。

（二）舞蹈作品鉴赏方法

1. 辨别舞蹈作品所属的类别

要鉴赏好舞蹈，需要对舞蹈的种类、样式和风格有进一步的了解。舞蹈的种类繁多，不同的视角展示不同的舞蹈种类。舞蹈最常见的样式有独舞、双人舞、三人舞、群舞、组舞、音乐舞蹈史诗、舞剧等；常见的种类有民间舞、古典舞、现代舞、芭蕾、现代芭蕾等。在不同种类的舞蹈中，因为民族不同、流派不同，它们的风格也是各种各样。如果对这些不同的样式、种类、风格、流派的舞蹈有较丰富的认识，那么对更加深入的鉴赏将有很大的帮助，还会增添很多的乐趣。

2. 了解舞蹈的风格特征

舞蹈的风格特征主要有舞蹈的节奏性、抒情性、动态性、造型行和综合性。人的舞蹈活动是在一定的时间和空间范围内进行的，任何的舞蹈都是有节奏的，没有节奏便没有舞蹈。抒情性是舞蹈最重要的内部艺术特征，是舞蹈的内在本质属性，舞蹈是人们情之所至时通过肢体动作充分展现出来的最为真切的表达，舞蹈动作是舞者内心情感的外化表现，具有某种特定的审美意象。动态性是舞蹈艺术最重要的外部艺术特征，舞蹈形象是一种直观的动态性形象，是通过不同的肢体动作和造型来表现思想感情的。舞蹈的造型性包含两方面的内容，一是人体自身动作姿态的造型，二是舞蹈整体队形、画面的造型。舞蹈是一种高度综合性的舞蹈艺术，它集时间性和空间性为一体，与文学、诗歌、音乐、美术、戏剧、建筑等众多学科有着紧密的联系。

3. 了解舞蹈作品的创作时间和背景，作品内容、结构及意义

这对更加深入地理解舞蹈作品，正确把握舞者的意图，体会作者的思想感情有着相当重要的作用和意义。

4. 运用反复比较对作品进行评判和赏析

一是类比，在类比中鉴别高低上下，比如同种类型的舞蹈，或同一类舞蹈中的同类题材，或同一舞蹈的不同国度，不同演出团体等的比较。二是中外比较，这是一种横向型的比较方法，比如中国的古典舞和西方古典芭蕾都属于古典舞蹈，通过对比后发现，两者在动作上有明显的差别，呈现出来的艺术风格和审美观念有着本质的不同。三是古今比较，这是一种纵向型比较方法，比如中国古典舞的发展，明显体现了各个时代的风格特征，这种风格特征的发现就是通过古今纵向比较研究总结而获得的。

5. 广闻博览，根据音乐或舞台背景去想象及理解作品的内涵

只有从舞蹈动作的形态、节奏入手，通过想象、联想去体会动作与人类情感、社会生活的联系，才能领悟其中的感情和意境。

五、影视鉴赏能力的培养

（一）影视作品鉴赏概述

影视艺术是一门融合了多种艺术特长，且有新特质的现代艺术及综合艺术，指电影艺术和电视剧艺术。影视艺术以现代的媒介形式和艺术理念突破了传统艺术的美学原则，实现了多样融合，是现代艺术耀眼的明星。影视艺术具有以下特点：一是反映了生活的逼真性；二是具有活动的视觉艺术性；三是具有叙事表意的独特性。

影视鉴赏是通过视听觉和意识神经圈作用所产生的一种精神活动，是一种创造性的精神活动，是对影视作品的美进行认知、感受和创造的审美过程。它具有视觉、听觉认知和感受的直观性，从感性到理性的渐进性，及构成多元和形式多样的综合性的特点。

影视作品鉴赏需要掌握影视作品的内容与形式，对作品进行全方位的透视。通过对画格、镜头和段落、对多角度、多视域的社会、文化、时代、审美、政治等方面的分析来进行影视作品的解读。影视作品是一种视听艺术，基本的结构单位是镜头，这就需要准确掌握影视作品的镜头与镜

头的结构方式：镜头语言、蒙太奇、长镜头、场面调度。对影视作品的结构的掌握同时也是对其意义的解读。影视作品的结构按照层级可以划分为画格、镜头、段落。画格是影视作品最小的单位，就是一格画面的图像。镜头的内容其实就是画格的集合，镜头会因此产生人物的运动，从而进行叙事，镜头分析是影视作品的基本分析单元。对镜头的构图、色彩、光线、场面调度和镜头中人物的身体、表情、动作等方面的分析是影视作品意义解读的基本组成部分。镜头之间的组合形成段落，段落可以交代场景，也可以进行叙事，形成一个小情节。影视鉴赏的过程，就是视听感知，到情感体验，到想象联想，到理性分析的过程。要从视听语言出发，理解作品的美学、社会和文化含义，对作品的主题、叙事、人物等方面进行准确的分析。

（二）影视作品鉴赏方法

1. 了解影视艺术的历史、现状和发展

对影视作品鉴赏能力的培养，首先要重视影视知识的积累。需要积累的影视知识很多，阅读的书籍也很多，可以系统地涉及专门的中外电影史或电视史、影视美学以及影视评论；也可以阅读中外经典电影。只有阅读了一定数量的影视作品介绍或分析的论著才能具有比较系统的影视知识，从而可以对影视作品进行正确的意义解读和全面的审美体验。学习一定的影视理论知识，有意识地培养专业的影视思维，培养视听语言体验和欣赏的习惯，可以获得事半功倍的效果。

2. 了解影视艺术的表现元素和蒙太奇，从而把握整体的构架

影视作品的视听语言是指影视作品的图像、色彩、光线、构图和声音等镜头内元素和镜头语言、蒙太奇等元素形成表情达意的媒介，从而成为一种语言，这是一种广义的语言。广义上的语言指一切能够表情达意的媒介，比如人的手势、人的姿势、演员的表情、演员运动的身体、精彩的画面等，都可以让观众领悟到某种含义。视听语言是影视艺术的基础，影视艺术是运用视听语言媒介进行表情达意的艺术。了解视听语言就是了解影

视艺术的结构、语法和修辞。影视作品中的色彩、线条、形状、人物、动作、声音、音响等都可以向观众传递信息，表达意义、思想、情感。迄今为止，视听语言是手段最为丰富的语言，综合了其他艺术的语言因素。绘画、音乐、文学、摄影等艺术都对影视艺术产生了积极作用，影视艺术还在时空维度发展出属于自身特有的艺术特征。

蒙太奇是影视作品的结构方式。影视作品的最小单元是画格，画格组合在一起的方式就是蒙太奇。也就是说，蒙太奇成为影视艺术表情达意的媒介。而对影视接受者而言，掌握蒙太奇理论就是要划分清楚影视作品的结构，这样可以清晰地理解影视作品的意义。现在蒙太奇已经成为影视艺术反映现实、揭示生活、表情达意的方法。

蒙太奇从功能上主要划分为两种：叙事蒙太奇和表现蒙太奇。叙事蒙太奇是以交代情节、展示事件为主旨的蒙太奇类型，按照情节发展的时间流程、逻辑顺序、因果关系来切分组合镜头、场面和段落，表现动作的连贯，推动情节发展，引导观众理解剧情。表现蒙太奇是以表情达意、加强情绪感染力为目的的蒙太奇类型。

了解了作品的结构，我们也就能大致把握其整体的框架，进而从细处开掘，领会导演的艺术构思，理解影片的主题。

3. 领略影视作品内在的主旨

影视的主题来源于生活，来源于作者的生活经验，是人在生活经验的基础上获得的一种思想或者理念。欣赏影视作品，要入情入境，全身心地投入作品中，与剧中人物同悲欢，引起情感上的共鸣。且要站在更高层面上，通观全局，理解作品主旨，这在影视艺术鉴赏中是非常重要的。主旨是一切作品的最高指挥，是影视剧作品的灵魂，影视剧的叙事情节内在的贯穿力量是主题，情节的选择也是在主题的潜在控制下进行的，视听语言的合理运用都是围绕主题在进行。影视作品的人物、情节、细节、对话、表演、结构乃至各种表现手段都在它的统一之下，形成一个完整、和谐、统一的艺术整体。

作为推动人物动作的力量，主题主要有社会、时代、文化和人性等动机。人是社会的人。人是生活在一定社会中的，因此人的形成在很大程度上是由社会塑造而成的。一定的社会有相对稳定的文化氛围、社会阶层、思维方式、社会秩序等，社会的主题会集中在个人身上显现出来，个人成为社会的代表，个人命运成为社会发展的缩影。人是历史的人。我们要在影视作品中发现人生存时间的痕迹，不同时代有不同的任务，也就有不同的主题。人是文化的人。人在出生时获得生物生命，获得的是身体的存在，而人的形成更重要的是文化人的形成，人要在经过文化的塑造后才能最终成为一个完整的人。影视作品中展现了人的生存，同时也展现了人的文化。影视作品中的文化包括众多的文化产品和人的生活、生产方式，其中蕴含着丰富的文化信息，给观众一种深层次的体验。人性的分析和对人性深度的思考是众多西方电影的主题，中国自古以来就有“人之初，性本善”的说法，其实人的本性远不止善，还有恶的一面，人的善与恶的纠缠非常复杂，不是三言两语能够说清楚的。而西方对人性的分析更是学说众多。

4. 从细微之处看影视作品

鉴赏者在掌握基本的影视常识的基础上，深入细致地感受构成影视作品的种种因素和细节，从细微之处体味出作品的内在主题，探求其对总体风格的影响与作用，从而构成对影片的整体印象。任何忽视细节与局部的欣赏都是不完善的，只是停留在很浅的一面，所以要从细微之处着手，把握影片的内在神韵。首先是画面。画面是影视剧最基本的元素，它传递和透露着作品的某些重要的信息和寄托着艺术家对现实的情感体验与哲理思索。影视艺术是一门表演艺术，它以塑造形象、表现生活为首要任务，因而，作为画面轴心的人物就成为判断一部影片优劣得失的重要标准，而作为银幕形象的主要体现的演员的表演就成为传达画面情思的重要手段。其次是声音。声音是影片中不可忽视的元素，它极大地拓展了电影艺术的表现功能，扩大了画面的容量与空间。影视作品中的声音一般分为三类：人声、音乐、音响。最后是细节。细节是影视艺术中最为闪光的地方，也是艺术家精心选择与安排的产物。影片的细节也往往化平凡为神奇，于细微之处体现出巨大的思想容量，浓缩的情感内容给人以强烈的震撼。富有魅力的影片是需要一系列好的细节去丰富，去完善，去充实的。艺术的最高境界在于整体美。任何完美的艺术作品都要求各部分能紧密联系、自然和谐地融为一体。电影艺术作为一种综合性的艺术，更要求各部分的协调统一。因而在进行电影欣赏时，除了对局部与细节的认知外，更应把这些细微之处融会贯通，从分析走向综合，对其进行统揽全局的把握。就如同一个乐句里的每一个音符和一句话里的每一个字，都只有通过整体才能说明它的含义。

艺术修养是需要长时间培养和熏陶的，但是仅凭理论上的提高是远远不够的，还需要从实践行动中做起。

对大学生来说，我们可以去读一些有用的书籍；在闲暇之余可以和同学们结伴去游览自然风光较好的景点，除了增长自己的见识以及阅历，还能通过这种亲近大自然的方式来找寻属于自己的意境，从而享受富有诗意的生活；可以多听一些高雅的音乐，注意不能只停留在浅层的聆听，需要想方设法去领悟、品味和揣摩作曲者作曲时的心情，久而久之，你就会发现自己的艺术修养会有一个质的飞跃和突破；关于绘画作品，比如那些抽象的作品，在欣赏之前要先了解一下作者的生平经历和创作这个作品时的心境，若只靠自身领悟其中的奥妙是不容易的；与此同时，还应该保持一颗童心，用小朋友的眼光去看社会和生活，在平凡的生活中看到另一个别样精彩的世界。

在今天的社会中，一个优秀的大学生仅拥有渊博的知识是远远不够的，还需要有较高的综合素养，即拥有稳定的心理素质、健康的体魄，善于表现、发现和利用自身优势，能够创造性地发挥自己的个性和专长，才能在竞争中确立自信、乐观的心理优势，才能在市场大潮的拼搏中站稳脚跟。作为未来社会的主力军，我们应当提高自身的艺术修养，做一个有艺术气质的优秀大学生。

参考文献：

[1]王伟．大学生艺术修养：音乐·舞蹈·戏曲·影视鉴赏[M]．合肥：中国科学技术大学出版社，2009.

[2]许本洲，袁婷婷．艺术素养[M]．北京：电子工业出版社，2016.

[3]海震，金秋．大学生艺术素质教育大百科[M]．北京：中国文联出版社，2006.

[4]王树良，张玉花．人人必备的艺术常识[M]．重庆：重庆大学出版社，2009.

附　录

情绪智力量表

该情绪智力量表是目前世界上使用最广泛的情绪智力量表（EIS），由美国心理学家斯科特根据心理学家 Salovery 和 Mayer 提出的情绪智力模型编制，中文版本由华南师范大学王才康教授翻译。

该量表是一份自陈问卷，包括 33 个项目，采用 5 点量表形式，被试者可根据自己的符合程度选择相应数字（1 = 很不符合，5 = 很符合）。情绪智力是精确的知觉、评估和表达情绪的能力（情绪感知）；接近或产生促进思维的情感的能力（运用情绪促进思维）；理解情绪和情绪知识的能力（理解情绪）；调节情绪和智力发展的能力（调控情绪）。

5 级评分，得分越高，表明情绪智力越高。

其中第 5、28、33 三项采用逆向记分的方法，其余各项目皆为正向记分。

1. 我知道与别人谈论问题的恰当时机。

A. 很不符合　B. 较不符合　C. 不清楚　D. 较符合　E. 很符合

2. 当我面对某种困难时，我能够回忆起面对同样困难并克服它们的时候。

A. 很不符合　B. 较不符合　C. 不清楚　D. 较符合　E. 很符合

3. 我期望我能够做好我想做的大多数的事情。

A. 很不符合　B. 较不符合　C. 不清楚　D. 较符合　E. 很符合

4. 别人很容易信任我。

A. 很不符合　B. 较不符合　C. 不清楚　D. 较符合　E. 很符合

5. 我觉得我很难理解别人的身体语言。

A. 很不符合　B. 较不符合　C. 不清楚　D. 较符合　E. 很符合

6. 我生命中的一些重大事件让我重新评估了什么是重要的什么是不重要的。

A. 很不符合　B. 较不符合　C. 不清楚　D. 较符合　E. 很符合

7. 心情好的时候我就能看到新的希望。

A. 很不符合　B. 较不符合　C. 不清楚　D. 较符合　E. 很符合

8. 情绪是决定我们生活有意义的重要因素之一。

A. 很不符合　B. 较不符合　C. 不清楚　D. 较符合　E. 很符合

9. 我能清楚意识到自己每一刻的情绪。

A. 很不符合　B. 较不符合　C. 不清楚　D. 较符合　E. 很符合

10. 我盼望能事事如意。

A. 很不符合　B. 较不符合　C. 不清楚　D. 较符合　E. 很符合

11. 我喜欢和别人分享自己的情感。

A. 很不符合　B. 较不符合　C. 不清楚　D. 较符合　E. 很符合

12. 情绪好的时候，我会想办法把它延长一些。

A. 很不符合　B. 较不符合　C. 不清楚　D. 较符合　E. 很符合

13. 安排有关事情，我想尽可能使别人感到满意。

A. 很不符合　B. 较不符合　C. 不清楚　D. 较符合　E. 很符合

14. 我喜欢做能使自己感到高兴的事情。

A. 很不符合　B. 较不符合　C. 不清楚　D. 较符合　E. 很符合

15. 我很清楚我传递给别人的非言语信息。

A. 很不符合　B. 较不符合　C. 不清楚　D. 较符合　E. 很符合

16. 我想尽量做得好一些，使别人对我的印象好一点。

A. 很不符合　B. 较不符合　C. 不清楚　D. 较符合　E. 很符合

17. 通过观察面部表情我可以辨别别人的情绪。

A. 很不符合　B. 较不符合　C. 不清楚　D. 较符合　E. 很符合

18. 当我心情好的时候，解决问题对我来说很容易。

A. 很不符合　B. 较不符合　C. 不清楚　D. 较符合　E. 很符合

19. 我知道自己为什么情绪不好。

A. 很不符合　B. 较不符合　C. 不清楚　D. 较符合　E. 很符合

20. 心情好的时候，新奇的想法就会多一些。

A. 很不符合　B. 较不符合　C. 不清楚　D. 较符合　E. 很符合

21. 我能够控制自己的情绪。

A. 很不符合　B. 较不符合　C. 不清楚　D. 较符合　E. 很符合

22. 我很清楚自己在某一刻的情绪。

A. 很不符合　B. 较不符合　C. 不清楚　D. 较符合　E. 很符合

23. 付出努力时我会想象自己即将取得好成绩，以激励自己。

A. 很不符合　B. 较不符合　C. 不清楚　D. 较符合　E. 很符合

24. 当别人在某个方面做得很好时，我会称赞他们。

A. 很不符合　B. 较不符合　C. 不清楚　D. 较符合　E. 很符合

25. 我能够了解别人传递给我的非言语信息。

A. 很不符合　B. 较不符合　C. 不清楚　D. 较符合　E. 很符合

26. 当别人告诉我他人生中的某件重大事件时，我几乎感觉到好像发生在自己身上一样。

A. 很不符合　B. 较不符合　C. 不清楚　D. 较符合　E. 很符合

27. 当我感到情绪变化时，就会涌现一些新颖的想法。

A. 很不符合　B. 较不符合　C. 不清楚　D. 较符合　E. 很符合

28. 遇到困难时，一想到可能失败，我就会退却。

A. 很不符合　B. 较不符合　C. 不清楚　D. 较符合　E. 很符合

29. 只要看一眼，我就知道别人的情绪怎样。

A. 很不符合　B. 较不符合　C. 不清楚　D. 较符合　E. 很符合

30. 当别人消沉时我能够帮助他，使他感觉好一点。

A. 很不符合　B. 较不符合　C. 不清楚　D. 较符合　E. 很符合

31. 在挫折面前，我让自己保持良好的情绪以应对挑战。

A. 很不符合　B. 较不符合　C. 不清楚　D. 较符合　E. 很符合

32. 我能够通过别人讲话的语调判断他当时的情绪。

A. 很不符合　B. 较不符合　C. 不清楚　D. 较符合　E. 很符合

33. 我很难理解别人的想法和感受。

A. 很不符合　B. 较不符合　C. 不清楚　D. 较符合　E. 很符合

识别情绪

淡定：有泰山崩于前而面不改色的镇定程度。

快感：愉快或舒服的感觉。

乐观：无论在什么情况下，即使再差也能保持良好的心态，也相信坏事情总会过去，相信阳光总会再来的心境。

信任：相信并加以任用/相信（单指信任对方）/互相信赖（认为正确，不怀疑）。

自信：自己相信自己。

欣赏：享受美好的事物，领略其中的趣味。

放松：对事物的注意或控制由紧变松。

激动：由于受到刺激而感情冲动。

感恩：对别人给的帮助表示感激。

悠闲：从容闲适而无所牵挂。

怀旧：缅怀过去，指怀念往事或故人。

迷恋：强烈的、通常是极度的爱慕，对某一事物过度爱好而难以舍弃。

惊讶：惊异、惊奇，感到很奇怪。

负面情绪

纠结：陷入某种境地而心理混乱。

焦虑：一种缺乏明显客观原因的内心不安或无根据的恐惧，是人们遇到某些事情如挑战、困难或危险时出现的一种正常的情绪反应。

紧张：人体在精神及肉体两方面对外界事物反应的加强。好的如结婚、生子，坏的如离婚、待业，都会使人紧张。紧张的程度常与生活变化的大小成比例。（普通的紧张都是暂时性的。）

恐惧：突发性的紧张。

沮丧：失望，伤心，灰心丧气，对什么事都提不起兴趣，整天无精打采，甚至会封闭自己，给自己构筑一个小天地，在那里责备自己，怨恨自己，自信心下降，疏于与外界沟通，孤寂、悲观；不能正确面对现实，总想逃避现实，看不到未来的希望。

悲伤：哀痛忧伤之意，（形）伤心难过，侧重于因心情不好而伤感。

急躁：碰到不称心的事情易于激动，没耐心。

懒散：形容人精神松懈，行动散漫；不振作；不热心；不放在心上。

骄傲：自以为了不起，看不起别人；值得自豪的人或事物；觉得自己最强，自以为是。

仇恨：因利害矛盾而产生的很深的怨恨。

抱怨：心中怀有不满，责怪别人。

烦躁：烦闷焦躁，心中烦闷不安，急躁易怒，甚至手足动作及行为举止躁动不安的表现。

空虚：百无聊赖、闲散寂寞的消极心态，心理不充实，或本性遭到长期打压。

寂寞：冷清孤单，又形容孤独无助。

犹豫：迟疑，不果断，做事拿不定主意。

忧郁：忧伤郁结；忧虑烦闷。另一种解释是：忧郁并不仅仅表达了心里的忧伤，更可以是一种心灵的颓废，更是心中的忧伤积累到一定程度的改变。

伤感：因受外界事物感触而引起悲伤和伤感之情。

失意：不能实现自己的意愿。

后　记

随着社会多元化的发展，当代大学生特别是高职院校的学生面临着要在两到三年的时间内，完成基本知识的学习、掌握专业基本技能、满足其他社会需求等挑战。在这样的背景下，高职生要具备哪些能力和素质才能适应社会发展呢？

本书从时间管理、职业生涯管理、创新意识管理、团队意识管理、情绪管理、沟通能力管理、艺术修养管理七个方面，将学生的兴趣与专业、创新、实践相结合，梳理出了当代高等职业院校学生在发展自我、适应社会过程中需要具备的能力和素质。引导高职生从这些方面进行自我探索，查找自身综合素质与社会需求之间的差距，进而夯实自我发展基础。

本书由广州番禺职业技术学院张艳杰、尚亚飞、谌丹、张健儿、刘赪秀、赵洁及广州大学郭翠敏编写。笔者在编写本书的过程中，查阅了大量的文献资料，在此对相关资料的作者表示感谢。由于时间仓促，书中难免有不妥之处，还请见谅。敬请各位同行和广大读者批评指正。